rororo

rororo

# WEIHNACHTS GESCHICHTEN AM KAMIN 14

★

Gesammelt von
Ursula Richter

Rowohlt Taschenbuch Verlag

Originalausgabe
Veröffentlicht im Rowohlt Taschenbuch Verlag GmbH,
Reinbek bei Hamburg, November 1999

Umschlaggestaltung: C. Günther / W. Hellmann
(Foto: photonica © Akio Inonue)
Satz Bembo Postscript (PageOne)
Gesamtherstellung Clausen & Bosse, Leck
Printed in Germany
ISBN 3 499 22649 9

*Albrecht Nelle*

# Einstimmung

Alle Welt fiebert dem Jahr 2000 entgegen, das unmittelbar bevorsteht. Aber genaugenommen liegt es schon 7 Jahre zurück. Das hat – wie unsere ganze Zeitrechnung! – mit Weihnachten zu tun. Weihnachten feiern wir die Geburt Christi. Die geschah aber mit an Sicherheit grenzender Wahrscheinlichkeit schon vor 2007 Jahren. Nach ihr wird jedes Jahr gezählt als «Anno Domini» – als «Jahr des Herrn». Gemeint ist damit Christus, der Sohn Gottes. Wie kam es dazu, und wodurch entstand der zeitliche Irrtum?

Wir wissen nicht, wann genau die Christen begannen, das Weihnachtsfest zu feiern. Wir wissen jedoch, daß die Kirche zunächst nur Ostern gefeiert hat. Ostern ist das Fest der Auferstehung Jesu Christi von den Toten. Sie wird in allen vier Evangelien für den Tag nach dem Sabbat des jüdischen Passahfestes bezeugt. Nach diesem ersten Tag der Woche wurde sehr bald schon der Sonntag als «Tag des Herrn» im Gedenken an seine Auferstehung und in Erwartung seiner Wiederkehr wöchentlich von den Christen begangen.

Im Jahre 254 ist der 25. Dezember erstmals kirchlich als Weihnachtsfest beurkundet. In der römischen Welt wurde zur Wintersonnenwende das auf den Mithraskult zurückgehende Fest des «Sol invictus» gefeiert, das Fest der «Unbesiegten Sonne». Der 25. Dezember war der letzte und größte Tag der einwöchigen und karnevalistisch gefeierten «Saturnalien». Man hat darüber spekuliert, ob die Christen die Geburt ihres Herrn an diesem Tage feierten, weil sie sich im allgemeinen Festtaumel der Bevölkerung am sichersten vor Verfolgungen fühlen konnten, oder ob der gedankliche Inhalt des heidnischen Sonnenfestes eine entscheidende Rolle als Anknüpfungspunkt spielte. Die Christen waren ja überzeugt, daß durch Christus das wahre Licht in die Welt gekommen war, die entscheidende Sonnenwende stattgefunden hatte. So konnte Christus als der vom Tode «Unbesiegte» zum Inhalt dieses Festes werden. Da man seine Auferstehung ja schon an Ostern feierte, lag es nahe, am 25. Dezember seiner Geburt zu gedenken.

Im Osten des römischen Weltreiches, z. B. in Alexandria, feierten die Christen schon sehr früh am 6. Januar das Epiphaniasfest, das Fest der «Erscheinung», ebenfalls in Anlehnung an ein heidnisches Fest. Gefeiert wurde die Erscheinung der göttlichen Herrlichkeit bei der Taufe Jesu und seine feierliche «Adoption» durch Gott bei diesem Anlaß («Dies ist mein lieber Sohn ...»). So wurde in der östlichen Welt der 6. Januar zum Tauftag neuer Christen «aus allen Völkern», die Christus anbeten wollten, wie ihre Repräsentanten, die Heiligen Drei Könige, es schon kurz nach seiner Geburt getan hatten.

Noch entscheidender für das Aufkommen der Weihnachtsfeiern aber waren wohl die Formulierungen des im Jahre 325 in Nicaea verabschiedeten und gegen die Irrlehren des Arius gerichteten Glaubensbekenntnisses, des sog. Nicaenums. Mit ihm rückte anstelle der Auferstehung die Menschwerdung des Gottessohnes in den Mittelpunkt der Theologie und der Verkündigung. Weil – so das Nicaenum – der mit Gott dem Schöpfer wesensgleiche Sohn als Mensch zur Welt kam, war die Zeit des Heils für die Welt angebrochen, also eine noch nie dagewesene neue Weltzeit. Nachdem Kaiser Konstantin den christlichen Glauben zur Staatsreligion erklärt hatte, erschien es nur folgerichtig, für die neue Weltzeit auch eine neue Zeitrechnung einzuführen, beginnend mit der Geburt Christi. Aber wann genau war die geschehen?

Die Bibel nennt kein Datum. Im ältesten schriftlichen Zeugnis, dem Brief an die Galater, heißt es lapidar: «Als die

Zeit erfüllt war, sandte Gott seinen Sohn ...» Das ist eine theologische Zeitbestimmung, aber kein exaktes Datum.

Im Matthäusevangelium finden wir genealogische und astrologische Zeitangaben: «Als Jesus geboren war zu Bethlehem im jüdischen Lande zur Zeit des Königs Herodes, siehe, da kamen Weise vom Morgenland und sprachen: «Wo ist der neugeborene König der Juden? Wir haben seinen Stern gesehen im Morgenland und sind gekommen, ihn anzubeten.»

Das Lukasevangelium gibt die bekanntesten Anhaltspunkte: «Es begab sich aber zu der Zeit, daß ein Gebot von dem Kaiser Augustus ausging, daß alle Welt geschätzt würde. Und diese Schätzung ... geschah zu der Zeit, da Cyrenius Landpfleger in Syrien war.»

Im Jahre 533 erhielt der skythische Mönch Exiguus in Rom den Auftrag, den Geburtstag Christi rückwirkend festzulegen. Von den genannten zeitlichen Hinweisen scheint er sich nur an den letzteren gehalten zu haben. Dabei unterliefen ihm haarsträubende Fehler. So übersah er die vier Jahre, die Kaiser Augustus unter seinem eigentlichen Namen Octavian regiert hatte, bevor er den Titel «Erhabener» erhielt. Und als offensichtlich mathematische Null vergaß der Mönch das Jahr «0», das er zwischen die Jahre «1 vor Chr.» und «1 nach Chr.» als eigentliches Geburtsjahr hätte einschieben müssen.

Die neue Zeitrechnung wurde in den Julianischen und später auch in unseren heutigen Gregorianischen Kalender übernommen, ohne daß man die Fehler zunächst entdeckt und ohne daß man sie später noch korrigiert hätte. Denn wie viele Geschichtsdaten hätte man dann ebenfalls zu korrigieren und neu zu lernen gehabt! Geschichtliche Nachprüfungen haben ergeben, daß der Landpfleger Cyrenius mit dem römischen Senator Quirinius identisch ist, der zwischen 10 und 7 vor Chr. in Syrien war. Hat Lukas mit seiner Zeitangabe recht, muß Jesus spätestens im Jahre 7 vor Chr. zur Welt gekommen sein. Herodes wurde 40 vor Chr. von den Römern zum König bestimmt. Er starb im Jahre 4 vor Chr. Wenn wir der Zeitangabe des Matthäus folgen, dann wäre die Heilige Familie, die vor dem Kindermord von Bethlehem nach Ägypten geflohen war, etwa drei Jahre dort geblieben, bis zum Tod des tyrannischen Herrschers.

Und wie steht es mit dem astrologischen Hinweis? Johannes Kepler beobachtete im Jahre 1603 die Konjunktion der Planeten Saturn und Jupiter im Sternbild der Fische. Er kannte einen alten Bericht rabbinischer Astrologen, der Messias werde bei dieser Gestirnskonstellation erscheinen. Kepler errechnete anhand astronomischer Tabellen, daß es diese Erscheinung schon im Jahre 7 vor Chr. gegeben hat. Seine Entdeckung wurde jahrhundertelang nicht beachtet, bzw. seine Schlußfolgerung, es handele sich bei diesem Zusammentreffen der beiden Gestirne um den biblischen Stern von Bethlehem, zurückgewiesen. Neuerdings denkt man anders darüber.

Die Weisen aus dem Morgenland waren offenbar königliche Hofastrologen, die den Sternen und Sternzeichen besondere Bedeutung zumaßen. Für die Babylonier waren die Fische das Zeichen für Judäa. Dieses Sternbild steht zudem am Ende eines alten und dem Beginn eines neuen Sonnenlaufs. So wurde es das Zeichen für den Messias, zumal Jupiter als der Königsstern dort zusammentraf mit Saturn. Dieser Planet galt als Schutzstern Palästinas. Nach solchen zeitgenössischen astrologischen Überzeugungen ist es verständlich, daß die Weisen die Kamele sattelten und sich durch die Wüste nach Jerusalem aufmachten. Sie suchten den Beweis für ihre Hypothese. Darin unterscheiden sich ernstzunehmende Wissenschaftler von Scharlatanen. Aber in Jerusalem fanden sie ihn nicht. Ihre Nachfrage im Palast des Herodes löste Panik aus. Herodes rief alle Hohenpriester und Schriftgelehrten zusammen. Durch sie erfuhr der nicht jüdische König von Roms Gnaden, eine biblische Prophezeiung besage, der Messias werde in Bethlehem geboren.

Die Weisen mußten den Weg dorthin nicht lange suchen, als sie sich bei einbrechender Dunkelheit auf das letzte Stück ihrer Reise machten. Genau vor ihnen – so hat man errechnet – strahlte in südlicher Richtung der Stern aus den beiden Planeten. «Er ging vor ihnen hin», wie das Matthäusevangelium vermeldet, «und stand oben über, wo das Kindlein war.»

Wenn wir Jesu Geburt für das Jahr 7 vor Chr. ansetzen, dann passen alle in der Bibel gegebenen Hinweise in diese Zeit. Was immer von den größtenteils schon von Werner Keller in seinem Buch «Und die Bibel hat doch recht» zusammengetragenen Mutmaßungen und Schlußfolgerungen einleuchtend oder auch umgekehrt, nicht überzeugend erscheinen mag: fest steht, daß das Geschehen der Weihnacht nicht erst vor 2000 Jahren stattfand. Muß uns das in unserer Festfreude beeinträchtigen? Ich meine nein. Nicht einmal die Möglichkeit, daß die Heilige Nacht sich gar nicht im Dezember ereignete, berührt das, was wir Weihnachten feiern. Das Zusammentreffen von Jupiter und Saturn im Sternbild der Fische war im Jahre 7 vor Chr. dreimal zu sehen, im Mai, im Oktober und im Dezember. Im Dezember ist es in und um Bethlehem so kalt, daß man Schafe nicht mehr nachts draußen läßt und also auch keine Hirten mehr «auf dem Felde bei den Hürden» sein müssen. Aber ich denke, wir feiern mit Weihnachten kein Datum und keine Jahreszeit, auch wenn wir von «weißen Weihnachten» träumen mögen. Vielmehr feiern wir in einer für uns sinnvollen Zeit die Erinnerung an den Anbruch einer Zeitenwende, die die Welt verändert hat. Die Botschaft der Engel «Euch ist heute der Heiland geboren» gilt nun seit über 2000 Jahren allen Menschen, die sie hören und als Geheimnis und Wunder göttlicher Liebe in sich aufnehmen. Auch beim Aufbruch ins dritte Jahrtausend dürfte nicht das Datum das Entscheidende sein, sondern das, was wir als einzelne wie als Weltgemeinschaft uns wünschen, vornehmen und durchhalten: allem voran hoffentlich «Friede auf Erden und den Menschen ein Wohlgefallen».

*Peter Bengs*

# Adventsbrief

## Jesus in Lankwitz und Lichterfelde

Und der Herr sprach zu seinem Sohn: «Jesus, dein Geburtstag jährt sich nun bald zum 1999. Male, und die Christenheit der Erde bereitet sich ab 1. Advent auf deine Ankunft als Heiland auf Erden vor, damit du ihnen Frieden auf Erden und allen Menschen ein Wohlgefallen bringen kannst. Frieden ist zwar das hehre Wort der Menschen für einen glückverheißenden Zustand ungestörter Ordnung und ausgeglichener Harmonie, aber du siehst ja selbst, in manchen Gegenden scheint es wie in Sodom und Gomorrha zuzugehen. Auch wenn das große Gottesgericht noch ein paar Jahre Zeit hat, so möchte ich dich doch vorab für eine Inspektion zur Erde schicken, um nach dem Rechten zu sehen. Vielleicht findest du doch noch einen Ort, der dein Wohlgefallen findet! Siehst du dort unten die Stadt zwischen dem 52./53. Breiten- und 13./14. Längengrad mit den vielen Lichterketten? Dort scheinen die Menschen deinen Geburtstag ganz besonders zu feiern.

Und so geschah es, daß Jesus am 5. Sonntag vor seinem Geburtstag im Jahre des Herrn 1999 seine Reise zur Erde antrat und auf einmal mitten auf der großen Straßenkreuzung Kaiser-Wilhelm-Straße / Leonorenstraße in Lankwitz stand.

In der einen Hand hielt er einen Wanderstab, um den ein Beutel aus grobem wollenen Tuch für seine wenigen Habseligkeiten geschlungen war, und in der anderen Hand die ordnungsgemäßen Papiere einer himmlischen Unterabteilung der allmächtigen Berliner Polizei.

Sogleich erhob sich ein gewaltiges Gehupe vorbeiflitzender Sänften auf Rädern. Zu Tode erschrocken rannte Jesus auf die nahe Lankwitzer Kirche zu, um in ihr Schutz zu suchen. Leider aber war dieser Hort des Christentums und Schutzes verriegelt und verschlossen.

Hilfesuchend wandte er sich an einen Polizisten, reichte ihm vorsichtshalber zur Legitimation seine Papiere und fragte demütig nach einem anderen Christenhaus, wo er sein von langer Reise müdes Haupt zur Ruhe betten könne. Dieser blickte erst mal erstaunt die etwas merkwürdige Erscheinung vor ihm an, dann in die Papiere, las: «Jesus von Nazareth», dachte: «O Jott, o Jott, ein adliger Hippie!» und sagte dann freundlich und zugleich bedauernd: «Tut mir leid, bei uns sind die Kirchen nur sonntags von 10.00–11.00 Uhr oder zu besonderen Anlässen wie Ostern, Pfingsten und Weihnachten offen. Versuchen Sie es mal im Obdachlosenasyl oder, wenn Sie etwas Geld haben, im Hotel.»

Jesus dankte für diesen Rat und zog nun kreuz und quer durch Lankwitz und Lichterfelde auf der Suche nach einem Hotel. Aber keines wollte ihn ob seines Aussehens aufnehmen. Eines hätte ihn ja beinahe aufgenommen, als er aber als Zahlungsmittel zur Vorabbezahlung nur Schekel und Talente vorweisen konnte, blieb ihm auch diese Tür verschlossen. Nun versuchte er, die hastig von Geschäft zu Geschäft eilenden Menschen anzusprechen – und hörte doch nur: «Keine Zeit.» «Kein Geld.» – «Wasch dich erst mal!» – «Geh zur Behörde, die ist dafür da!» – «Muß dringend was erledigen.» – «Geh lieber arbeiten!» und der Freundlichkeiten mehr. Hungrig, durstig, müde, erschöpft und recht traurig über die bisherigen Erlebnisse sank er mitten auf dem Kranoldplatz nieder.

Und nun geschah das Wunder. Die vorher hastenden Menschen blieben stehen, beugten sich zu ihm nieder, boten Hilfe an, jemand legte ihm eine Autodecke unter den Kopf, einer holte was zu trinken aus dem Lokal, ein anderer rief die Feuerwehr.

Die Feuerwehr kam und brachte ihn in ein nahegelegenes Krankenhaus. Hier wurde er gepflegt, beköstigt, untersucht auf Herz und Nieren und zur Nacht in ein weiches weißes Linnen gebettet.

Am anderen Tag konnte er, nun wieder zu Kräften gekommen, mit den Sachen eines barmherzigen Pflegers bekleidet und einem ansehnlichen Betrag aus dem «Sozialhilfefonds für besondere Fälle» versehen, das Krankenhaus wieder verlassen. Frohgemut eilte er von dannen und hatte noch so manches interessante Erlebnis mit den Menschen hier in der Gegend.

Woher ich das alles weiß? Na, er hat es mir erzählt. Gestern, Punkt 12.00 Uhr, kam er leuchtenden Auges in die Petruskirche am Oberhofer Platz zum zweiten Frühstück und stellte sich zu mir an den Kaffeetresen, wo die netten Damen der Gemeinde Kaffee und Schrippen an die Hungrigen austeilen. Ja, da hat er mir dann eben alles erzählt, und daß er nun doch ganz froh seine Reise zurück antreten könne. Und noch etwas sagte er: «Warum muß ein Mensch erst am Boden liegen, bevor ihm seine Mitmenschen Hilfe zuteil werden lassen?»

Ich wünsche allen eine friedliche Adventszeit und einen fröhlichen 1999. Geburtstag des Jesus von Nazareth, genannt Jesus Christus.

*Lore Clausen*

## Die goldene Flöte

In der Heiligen Nacht, als der Engel, der den Hirten die große Freude verkündet hatte, und die himmlischen Heerscharen schon wieder gen Himmel gefahren waren, da waren die Hirten eilends nach Bethlehem gegangen, um die Geschichte zu sehen, die da geschehen war. Nur ein kleiner Bub war zurückgeblieben, zu dem hatte seine Mutter gesagt: «Du kannst nicht mitgehen, du bist noch zu klein. Du kannst den weiten Weg noch nicht schaffen!»

«Aber Papi kann mich doch tragen!» hatte das Büblein gebettelt, und da hatte die Mutter gelacht und gesagt: «Dafür bist du nun wieder zu groß! Du wirst dem Vater zu schwer. Bleib du schön hier und schlaf! In ein paar Stunden sind wir wieder zurück.»

Sie hatte ihr Kind auf sein Strohlager gelegt, es warm zugedeckt und ihm einen Gute-Nacht-Kuß gegeben. Der Junge hatte auch zunächst geschlafen, aber mitten in der Nacht war er wach geworden. Er hatte sich unter seiner schafwollenen Decke zurechtgelegt und versucht, lieb wieder einzuschlafen. Aber ihm fehlte die Nähe seiner Eltern und der andern Hirten, es war überhaupt so merkwürdig still um ihn herum, und er entdeckte, daß nicht nur die Menschen nach Bethlehem gegangen waren, sondern auch die Hunde und Schafe. Bei ihm waren nur noch ein Lämmchen und ein junger Hund, zu denen ihre Mütter wohl etwas Ähnliches gesagt hatten wie die seine zu ihm. Dem Jungen fehlte die warme atmende Nähe der vielen Tiere, und nur mit dem Schäfchen und dem Hündchen zusammen begann er sich sehr allein und kalt zu fühlen unter dem sternklaren Himmel in der Winternacht. Endlich faßte er einen Entschluß, stand auf, wickelte sich in seine warme Schlafdecke und machte sich auf den Weg nach Bethlehem. Der kleine Hund und das kleine Schaf liefen mit.

Anfangs folgten sie dem Weg, den vor ihnen die Hirten und Herden gezogen waren. Aber irgendwo in der öden Heide verlor der kleine Junge, unerfahren wie er war, den rechten Weg, der kleine Hund, gleichfalls unerfahren, vermochte wohl noch nicht, die Spuren der andern zu wittern, und so kam es, daß sie ziemlich weit von der richtigen Richtung abwichen. Ohne das zu ahnen, marschierten sie unverdrossen immer vorwärts.

Wer auf dem falschen Weg ist, kommt manchmal zuverlässiger an sein Ziel als einer, der alles richtig macht. Hätten der Bub, der Hund und das Lamm sich nicht verirrt, so hätten sie bald den heimkehrenden Hirten begegnen müssen, und sie wären von ihren Müttern ausgescholten, mit heimgenommen und schlafen gelegt worden. So aber liefen die drei nächtlichen Wanderer in großem Abstand an den Heimkehrern vorbei.

Nun war unter den Engeln, die an der Krippe des Christkinds musiziert hatten, ein etwas schusseliges Kerlchen gewesen, das merkte erst, als es schon wieder mit den andern gen Himmel gefahren war, daß es irgendwo auf der dunklen Erde seine Flöte verloren hatte. Eilig kehrte der Engel um, und als er nun in der Gegend von Bethlehem suchend auf und ab flog, entdeckte er zwar nicht sein Instrument, wohl aber drei kleine Gestalten, die auf der öden Heide wacker vorwärts strebten, aber in einer Richtung, die sie immer mehr in die Einöde führen mußte. «Hier ist», dachte der Engel, «etwas durchaus nicht in Ordnung!» – «He, ihr!» rief er laut. «Wo wollt ihr denn hin?» Die drei Wanderer blieben erschrocken stehen, als plötzlich eine Stimme aus dem Himmel herabschallte. «Nach Bethlehem!» antwortete schließlich der Junge, und weil er dachte, es wolle schon wieder jemand sagen, er sei dazu noch zu klein, fügte er ein wenig trotzig hinzu: «Wir wollen das Christkind sehen wie alle andern auch!» – «Da geht ihr falsch!» rief der Engel. «Seht ihr nicht dort den hellen Schein. Auf den müßt ihr zugehen! Das ist der Stern von Bethlehem!» Also bogen die drei von ihrer bisherigen Richtung ab und liefen auf den hellen Schein zu, von dem die Stimme vom Himmel gesprochen hatte. Die Füße und die Pfoten begannen ihnen nun schwer zu werden. Aber der Schein wurde immer heller, und nun sahen die drei auch, daß er von einem leuchtenden Stern ausging. Der Engel aber flatterte weiter umher, nach seiner Flöte spähend, und auch er wurde jetzt müde, so müde. Und dann war es doch nicht er, der die Flöte fand.

Als der Bub mit seinen beiden müden Tieren endlich den

Stall erreicht hatte, über dem der Stern leuchtete, sah er, daß nicht nur von dem Stern über dem Dach ein Schein ausging, sondern daß auch auf der Schwelle etwas glänzte, wenn auch viel schwächer, und als er genauer hinsah, entdeckte er eine goldene Flöte im bereiften Gras. Ein solches Instrument besaßen manche von den Hirten, und der Junge hatte schon gesehen, wie man darauf spielte. So hob er es staunend auf, setzte es an die Lippen und blies probeweise hinein. Da quoll ein wunderbar süßer Ton hervor, denn auf dieser himmlischen Flöte vermochte auch ein ungeübter Musikant zu spielen. So betraten das Lämmlein, das Hündlein und das Menschlein den kleinen Raum, begleitet von wunderschöner, zarter Flötenmusik.

Drinnen herrschte gedämpfte Aufregung. Maria glaubte, ihr Kind müsse nun todmüde sein, nachdem die Engel entschwebt und die Hirten davongewandert waren. Das Kind aber lag hellwach in seiner Krippe und hatte die Augen groß und leuchtend aufgeschlagen, und es schien, als warte es auf etwas. «Vielleicht ist es ihm zu kalt hier im Stall», meinte Joseph besorgt, und Maria wollte eben ihr Kind auf ihren Schoß heben, um es ein wenig zu wärmen, da vernahm sie die Flötenmusik und blickte staunend auf. Das Kind aber lächelte den dreien entgegen. Da faßte der kleine Hirte Mut und blies fröhlich weiter.

Der Engel, der immer noch suchend auf und ab flatterte, spitzte plötzlich die Ohren: Da spielt doch jemand einfach auf der himmlischen Flöte, die er selbst so dringlich suchte! Erbost flog er los, pfeilgerade und pfeilschnell, dorthin, wo die Flötenmusik zu erklingen schien, und landete auf der Schwelle des Stalls von Bethlehem. Da stand der kleine Hirte und blies aus Leibeskräften auf der goldenen Himmelsflöte, Maria und Joseph lauschten lächelnd, das Öchslein und das Eselein waren wach geworden und hörten zu, und ganz besonders das Kind in seiner Krippe schien sich über diese Musik zu freuen, mindestens ebensosehr wie noch vor kurzem über die der Menge der himmlischen Heerscharen, und es strahlte über das ganze kleine Gesicht, so daß von ihm ein Leuchten ausging und den kleinen ärmlichen Raum mit sanftem Licht erfüllte. Neben dem Kind in der Krippe lagen der kleine Hund und das kleine Schaf, wärmten es mit ihren warmen Körpern und weichen Fellchen und ruhten sich aus von dem langen Weg durch die Kälte.

Der Engel stand eine Weile und hörte zu – wie hätte er auch sofort rufen können: «Du da, gib meine Flöte her!» Je länger er da stand und hörte und sah, wie dieser kleine Kerl auf seiner Flöte blies, voller Glück, weil er dem Kind eine solche Freude machte, voller Eifer, dem Instrument immer neue und schönere Melodien zu entlocken, um so weniger vermochte es der Engel, sein Eigentum zurückzufordern. Endlich ging dem Musikanten der Atem aus, er senkte die Flöte und sah voller Stolz das freundlich lächelnde Christkind an. «Du hast wunderschön gespielt», sagte Maria, «du hast uns allen eine große Freude gemacht. Aber nun mußt du nach Hause gehen. Deine Mutter sucht dich bestimmt schon lange. Und das Christkind muß auch endlich schlafen.» Das Büblein seufzte, es dachte an den langen Weg über die froststarre Heide. Und die beiden kleinen Tiere? Die mußte er doch auch wieder mit zurückbringen! Der Engel dachte daran, wie er die drei kleinen Gestalten eben so tapfer durch die Kälte hatte stapfen sehen. «Ich bringe euch nach Hause!» versprach er. «Das geht wie der Wind!» Der Junge sah seine beiden Gefährten an, die, an das Kind geschmiegt, ruhig schlummerten. «Das Kind wird frieren, wenn wir sie da wegnehmen!» überlegte er. «Die Windeln sind nicht warm genug!» Aber dann fiel ihm etwas ein, er nahm sich die Decke von den Schultern und breitete sie über das Kind, und das lächelte ihn an, machte die Augen zu und schlief endlich ein. Maria atmete auf. «Aber nun wirst du frieren!» murmelte sie leise und gerührt. Der kleine Hirte strahlte sie an: «Das macht nichts, ich bin ja ein großer Junge! Außerdem habe ich ja jetzt meine Flöte und kann mich warm spielen!» In diesem Augenblick gab der Engel jeden Gedanken daran auf, seine Flöte jemals wiederzubekommen. «Kommt!» sagte er und schaffte es tatsächlich, Bübchen, Hündchen und Lämmchen – die beiden letzteren schliefen ruhig weiter – zusammen in die Arme zu nehmen. Engel vermögen viel, auch wenn sie klein sind. Und nun ging alles sehr schnell: Der Junge sagte «Gute Nacht!» und «Auf Wiedersehen!», Maria bedankte sich für das Flötenkonzert, das Kind lächelte im Schlaf, Joseph und das Öchslein brummten wohlwollend, das Eselein wedelte zum Abschied mit dem Ohr, und keinem fiel es ein zu fragen, was denn dieser kleine Engel überhaupt noch auf der Erde zu suchen hatte, während doch alle andern schon längst wieder zu Hause im Himmel waren. Dann fühlte sich der Junge mit seinen beiden treuen, schlafenden Gefährten hochgehoben, und husch! ging es in einem Augenblick den ganzen Weg zurück, der eben so endlos lang gewesen war.

Zu Hause war man in Angst und Sorge um die drei Ausreißer. Die Menschenmutter weinte, die Hundemutter bellte, die Schafmutter blökte, und alle Hirten und Hunde waren unterwegs, um die drei Vermißten zu suchen. Und da waren sie plötzlich wieder da, wie von einem Windhauch hergeweht. So recht wollten die Hirten dem Büblein nicht glauben, als es erzählte, sie hätten doch noch das Kind in der Krippe gesehen. Wie hätten drei so kleine Lebewesen den weiten Weg schaffen können, und wieso waren sie ihnen auf dem Heimweg nicht begegnet? Sicher waren sie auf der Suche nach ihren Müttern in der Nacht umhergeirrt und hatten irgendwo ein wenig geschlummert und geträumt. Aber da war die goldene Flöte, auf der der Junge so wundersam zu spielen wußte, und alle hörten ihm gerne zu, die Hirten, die Schafe und die Hunde. Das gehörte wohl zu den Wundern der Heiligen Nacht.

Der Engel schwebte bangen Herzens aufwärts zum Himmel. Wie sollte er vor Gottvaters Thron treten, nachdem er seine Flöte veruntreut hatte? Am besten, so dachte er, brachte er das gleich hinter sich. Und so schwebte er zwischen silbernen Wolken und goldenen Sternen geradewegs vor Gottes Angesicht. Er holte tief Luft: «Ich habe leider meine Flöte weggegeben!» Der liebe Gott lächelte: «Ich habe es schon gesehen! Schau!» Vor den Füßen des Engels wurde der Himmelsboden plötzlich durchsichtig, so daß er auf die Erde hinunterschauen konnte, dorthin, wo das Bübchen, vergraben im Heu, selig und rotwangig schlummerte, die goldene Flöte in der kleinen Faust, und links und rechts von ihm hatten sich das Lämmchen und das Hündchen angekuschelt und schlummerten gleichfalls. Der Engel sah zaghaft auf: «Du bist mir nicht böse?» – «Im Gegenteil!» lächelte Gottvater. «Du wärst ein untauglicher Engel, hättest du dem kleinen Wicht die Flöte wieder weggenommen. Laß dir von Michael eine neue geben!»

Beim Himmelskonzert am Weihnachtsmorgen klang eine Flöte ganz besonders rein und froh. Das war der Lobgesang, den der kleine, schusselige Engel seiner neuen Flöte entlockte.

*Alois Hell*

## Das «Wunder» in der Mettennacht

### Eine Kindheitserinnerung an den Heiligen Abend

Drei Tage lang tanzten lautlos die Schneeflocken wie Wattebäuschchen vom grauen, wolkenverhangenen Winterhimmel, der uns Kindern jedoch wie vergoldet schien: Weihnachten, der Heilige Abend war nahe! Dreimal, zweimal – einmal nur noch mußten wir schlafen, bis endlich das Christkind kam. Am Vorabend beim Zubettgehen war unser Gesprächsthema nur noch die zu erwartende Einkehr des Christkinds in unser Haus.

Der nächste Tag war wie aus dem Bilderbuch: ein stahlblauer Himmel, Sonnenschein, leichter Frost, das Land um und um unter die weiße Zudecke gehüllt bis hin zu den Bergen – und schulfrei! Der Heilige Abend war betriebsam; es gab noch vieles zu tun in Hof, Haus und Küche. Der Vater hatte gegen Mittag den großen Waschkessel geheizt und uns am frühen Nachmittag der Reihe nach in den großen hölzernen Waschzuber zitiert, der wegen der Winterkälte im warmen Stall aufgestellt worden war. Geschrubbt und wie neugeboren, nach Kernseife riechend und mit frischer Wäsche am Leib kam eins nach dem andern zurück.

Allmählich erlosch der Tag, geheimnisvolle Dämmerung breitete sich aus und wechselte langsam in das Dunkel des Heiligen Abends, der Heiligen Nacht. Endlich wurden wir zum Abendessen gerufen. Ein besonderes Schmankerl kam heute am Fasttag auf den Tisch: weizene Hefenudeln, Germ- oder auch Bacherlnudeln genannt. Schnell ein paar Nudeln, eingetaucht ins flüssige Butterschmalz oder in die Kletzenbrühe, hinuntergedrückt und das Tischzeug und das Eßgeschirr wieder weggeräumt; das bevorstehende Ereignis trieb uns zur Eile.

In der Küche hatte die Mutter, so wie alle Jahre, das auf ein ärmliches Strohlager gebettete, gipserne Jesuskind auf den Küchentisch gestellt, eingesäumt von zwei blaßblauen gläsernen Kerzenleuchtern und dem überaus reich rotblühenden Weihnachtskaktus. Nun wurden wir in die Küche geschickt, mußten niederknien, und dann begannen die Vorbereitungsgebete, um das Christkind den Weg zu uns finden zu lassen, sozusagen es zu uns durch die Kraft und Inbrunst unseres Betens und Bittens zu geleiten. Einen Rosenkranz hatten wir bereits gebetet, und es begann ein zweiter. Die anfängliche Andacht war längst abgeflaut und einem aufmerksamen Horchen zur Stubentür hin gewichen. Vor geraumer Zeit hatte uns auch der Vater verlassen und mit an den Mund gelegtem Zeigefinger angedeutet, er müsse nachschauen und vielleicht auch dem Christkind ein wenig helfen. Ich beneidete ihn, daß er zu solchem Tun begnadet war; zugleich aber keimte in mir der Verdacht, ihm sei, von der Gicht geplagt, das Knien auch schon zu lange geworden, so wie mir. Was hatte ich während der langen Gebetszeit für Seelenqualen auszustehen. Ich habe hineingehorcht ins eigene Herz, das mir bis zum Hals herauf klopfte, ob ich etwa schuld daran sei, daß dieses Jahr das Christkind so lange auf sich warten ließ? War ich nicht brav genug gewesen?

Jedoch, hie und da hörte ich ein bedeutungsvolles Knacken und ein verhaltenes Rascheln nebenan in der Stube: Es tat sich doch etwas da drinnen! Die Glastür zur Stube war zwar verhängt, doch schien es mir manchmal, als ob ein Lichtschimmer vorbeihuschte. Doch das erlösende Klingeln ertönte immer noch nicht. Und wieder schickte ich mich an, das soeben begonnene Vaterunser andächtig mitzubeten. Meine Andacht ist sogar meinen Geschwistern aufgefallen, wie man mir später sagte.

Endlich nahm unser ältester Bruder, der schon Ministrant war, das Lukasevangelium zur Hand – er kam mir vor wie der Verkündigungsengel – und begann feierlich: «In jener Zeit erging vom Kaiser Augustus der Befehl, das ganze Reich aufzuzeichnen …» Da, klinglingling! Ein Gepolter, Stühle und Bänke stürzten fast um, so schnell rannten wir in die hellerleuchtete Stube.

Nach einem kurzen staunenden Blick zum strahlenden und von Sternwerfern blitzenden Christbaum entdeckte ich auf dem vorderen Fensterbrett einen – wie mir schien – beinahe lebensgroßen Puppenbuben in der kurzen Wichs, auf seinem hübschen Kopf ein grünes Hüterbubenhütl mit einer Feder. Einen Puppenbuben – aber bei weitem nicht so fesch – hatte ich mir vorgestellt und gewünscht. Das Christkind hatte mich doch nicht vergessen! Gleich wollte ich zu ihm, ich versuchte, auf die Bank zu klettern, da hielt mich aber der Vater zurück.

Meine größeren Geschwister standen schon am Christbaum, so wie es sich gehörte, um als Abschluß der religiös-familiären Feierstunde das Lied von der stillen Heiligen Nacht zu singen. Wie das geklungen hat, vermag ich nicht zu sagen; wir waren nicht gerade eine mit musikalischen Gaben gesegnete Familie.

Dann aber gab es kein Halten mehr! Ich nahm sozusagen alle meine Geschenke in Besitz: den Puppenbuben, einen aus Holz ausgesägten Hirten samt Schäferkarren, eine ganze Schafherde, ebenso einen Wachhund, einen Motorradfahrer zum Aufziehen, Wollhaube, Schal und Handschuhe und einen ganzen Teller voller Süßigkeiten: Lebkuchen, Äpfel und Nüsse. Die Seligkeit in der warmen, gemütlichen Stube war vollkommen! Die Stunden flossen nur so dahin. Gegen 23 Uhr mahnten die Eltern zum Anziehen für die mitternächtliche Christmette.

Unsere alte, kränkliche Tante, meine kleine Schwester und ich durften daheim bleiben zum «Gama», wie man das Haushüten nannte. Jetzt war ich allein «Moar». Nachdem ich genug gespielt, die hölzernen Schafe mehrmals aus- und eingetrieben, das Motorrad seine Kreise gezogen und der Puppenbub einige Verslein aus seinem Puppenlesebuch auswendig gelernt hatte, wandte ich mich wieder dem Christbaum zu. Dort entdeckte ich einen noch nicht abgebrannten Sternwerfer, fand auch eine Zündholzschachtel, und schon sprühte erneut das Lichtwunder auf! Ich lief damit um den Gabentisch, kam zu nahe an die Zelluloidpuppe in der Schaukel, diese fing Feuer, und eine Stichflamme schoß fast bis zur Zimmerdecke! Rasch griff das Feuer um sich und hatte schon ein paar Kissenbezüge erfaßt. Ich begann zu schreien. Das hörte zum Glück gleich die Tante. Sie kam schnell aus der Küche herbei, wo sie gerade mit dem Zubereiten der Mettensuppe beschäftigt war, packte das ganze Feuerbündel zusammen und schob alles ins Ofenloch!

Gott sei Dank, die Gefahr war gebannt! Nicht auszudenken,

was alles hätte passieren können, wenn die Tante nicht so schnell und richtig reagiert hätte! Die ganze Stube mit all den weihnachtlichen Geschenken ein Opfer des Feuers wäre noch das wenigste gewesen; das ganze Haus, die Ställe fürs Vieh, die Scheune mit der Ernte und dem Heu für den noch bevorstehenden langen Winter, kurzum, die ganze Hofstatt hätte ein Raub der Flammen werden können!

All diese grausamen Möglichkeiten und Gefahren waren mir in diesem Augenblick wohl nicht bewußt, aber der Schrecken reichte, um meinen Übermut in Weinen und Klagen umzuwandeln. Schluchzend verkroch ich mich hinter den großen Kachelofen und vergrub mein verweintes Gesicht in den Kissen auf dem Kanapee. Meine kleine Schwester, die ihre Puppe eingebüßt hatte, war genauso unglücklich wie ich. Auch sie verschloß sich, während die «Zacherl» über ihr pausbäckiges Gesicht herunterkollerten, auf der anderen Seite vom Kanapee. Bald wurden wir von unserem Kummer durch den Schlaf erlöst ...

Eine Stunde mochte vergangen sein, da hörte ich, noch schlaftrunken, die besänftigende Stimme unserer Mutter, in der auch ihre eigene Erleichterung mitschwang, während sie mir über die Haare und mein verweintes Gesicht strich: «Brauchst nimmer woane, Loisei, es is ja no alles guat abganga, is ja weiter nix passiert!»

Heute steht noch daheim draußen im Hausgang, in der Flez, der Tisch mit dem deutlichen, etwa einen Handteller großen Brandmal in der eichenen Tischplatte. Lange stand auch noch die angesengte Schaukel herum; die Puppe, wie in der Mettennacht versprochen, wurde aber leider nie mehr ersetzt. Und mir blieb über die vielen Jahre hinweg lebhaft die dankbare Erinnerung an dieses «Wunder» während der Christmette.

*Elfie Vierthaler*

# Weihnachtsglanz der Kindheit

Wir waren zu dritt: meine zwei Jahre jüngere Schwester, der noch kleinere Bruder und ich als Älteste. Natürlich gab es Streitereien wie überall unter Geschwistern. Aber vor Weihnachten war ruhige Zeit, in der wir uns ganz besonders bemühten, artige Kinder zu sein. Geheimnisvolle Dinge ereigneten sich dann in unserem Haus.

Am Nikolausabend, als wir drei in der Wohnküche spielten, öffnete sich plötzlich – wie von Geisterhand – das Fenster, das doch durch Schlagläden verschlossen war, und herein flogen Nüsse, Äpfel und Schokolade. Wir waren ehrfürchtig überrascht.

Eines Morgens, als wir aus dem Schlafraum im ersten Stock in die Diele herunterkamen, trugen die dortigen beiden Heiligenfiguren – eine Christus- und eine Marienstatue – einen Kragen aus Engelshaar. Das Christkind mußte also schon im Hause sein!

Vater, der allem Fortschrittlichen aufgeschlossen war, hatte schon in den zwanziger Jahren (1926/27) ein Radio mit Kopfhörern angeschafft. Als unsere Mutter zu Weihnachtseinkäufen in der Stadt war, durften meine Schwester und ich die Kinderstunde anhören. Bastelvorschläge wurden gesendet. Wir hatten – wie angegeben – Buntpapier, Klebstoff, Band bereitgelegt und fertigten nun für Mutti Weihnachtsüberraschungen.

Endlich kam der Heilige Abend. Das Weihnachtszimmer war schon mehrere Tage verschlossen. Wir hatten Gedichte gelernt und auf unseren Stössellauten Lieder geübt. Aus der Küche duftete es richtig festlich. Da ertönte ein Glöckchen. Wir durften zum Weihnachtsbaum, der durch Wachskerzen und Lametta hell erleuchtet war. Vorsichtig näherten wir uns –

traten aber wieder einen Schritt zurück – denn seitlich des Baumes stand ein leibhaftiger Engel im weißen Gewand, mit Flügeln und langem, lockigen Haar, der uns freundlich begrüßte. Sprachlos vor Staunen hätten wir fast unsere Gedichte und Weihnachtslieder vergessen. Nach dem Gesang wurden wir dann von dem himmlischen Boten zu unseren Geschenken geführt. War das eine Herrlichkeit! Meine Schwester und ich bekamen Puppen. Der kleine Bruder hatte selbstverständlich auch passende Geschenke. Aber er war doch recht traurig und wollte auch gern eine Puppe haben. Ein paar Tage später wurde die tatsächlich vom Christkind nachgeliefert.

In späteren Jahren durfte ich Mutter bei den Vorbereitungen helfen und für die jüngeren Geschwister Überraschungen herrichten. Ich war sehr stolz, verspürte aber auch, daß der Glanz des Festes ein matteres Gold bekam.

*Brigitte Jost*

## So geschehen in den heiligen zwölf Nächten 1909

Die Wildgänse mit ihrem unverkennbaren Geschrei waren ganz tief geflogen zu Anfang des November.

Der Winter begann am Bußtage mit Frost, und der erste Schnee folgte auf dem Fuße. Weihnachten versanken die Dörfer auf der Hainleite in der weißen Pracht, und die Kristallzügel des Frostes war stark gespannt. Langsam hatte der Tag sich an die Winternacht verloren, und vom Kirchsee her fegte ein scharfer Ost durch die Gassen. Manchmal fing er sich im Kirchturme, und es klang wie ein Glockenton, der nur vom Bellen eines Hundes unterbrochen wurde.

Man schrieb den 27. Dezember 1909.

Der dritte Weihnachtstag, er wurde wie damals üblich in

unserer Region, wie auch Ostern und Pfingsten, in gemütlicher Runde gefeiert, denn er war der dritte Tag in den geheimnisvollen Nächten.

Da aber Glaube sowie Aberglaube fest in dem dörflichen Leben integriert waren, wurde diesen zwölf Nächten allerhand Zwang auferlegt, und so war es verständlich, nach getaner Arbeit in Feld und Garten, am Webstuhl und am Spinnrad, sich der festlichen Freude nicht zu versagen. So war eben eine ganze Spinnstubengesellschaft dabei, sich nach mitternächtlicher Stunde in Großberndten, im Toreingang neben dem Schulhause, beim Ehepaar F. und Jettchen Becker zu verabschieden, für Speis und Trank zu bedanken, um sich am nächsten Abend in einem anderen Hause zu treffen. Lustige Worte wurden noch auf der verschneiten Straße einander zugerufen, und man schaute noch dem klingenden, leuchtenden Schlitten hinterher, der zum Klostergute Dietenborn gehörte und diesem entgegenfuhr, bis das heftig beginnende Schneetreiben Pferde und Schlitten verschlungen hatte.

Vereinzelt johlten noch heimkehrende Burschen aus dem Kopfschen Gasthause zur Linde, und des Nachtwächters Horn klang mahnend durch das nächtliche Dorf. Einmal drang noch verworrener Lärm durch die Gasse und ab und zu das Rumoren dröhnender Glocken im Stuhl, das über die Dächer kam und eng zusammenstimmte mit einer kurzen aufglühenden Röte eines verfrühten Silvesterknallfrosches.

Die Eheleute B. sperrten mit einem Riegel das Haustor ab, und nachdem der Ehemann noch im Stalle nach dem Rechten gesehen hatte, die Feuerstelle in der Küche fester verschlossen ward, die Laternen bis auf eine gelöscht, man sich noch etwas in der Stube über den lustigen Spinnabend unterhielt, sagte er gute Nacht und begab sich die Treppe hoch in die gemeinsame Schlafkammer.

Jettchen löste sich ungern von dem wärmenden Kaiserofen, sah den flackernden letzten Lichtern des Christbaumes zu.

Jette, Jette, so drang der Ruf des Gatten von oben die Treppe herab. – Joh, joh, ich kumme gliech, so antwortete sie.

Doch sie war gebannt in ihre Gedanken.

Die Zeit ist ein Scharfrichter!!!

Sie war eine kraftvolle Persönlichkeit, und eine ungerechte Behandlung für diese Frau war ihre Kinderlosigkeit.

Und nun begann sie in der fast dunkel glänzenden Stube einen Stuhl geradezurücken, sah in den Spiegel im Goldrahmen, über dem eine Lyra prangte, strich sich über die Augen und Stirn, schloß die Tür des Glasschrankes auf, rückte das tanzende Püppchen gerade und lehnte sich wieder gegen den wärmenden Ofen, der noch milde strahlte. Der letzte Glanz der Kerzen brach sich in den Scheiben der Bilder über dem roten Plüschsofa, und der Zeiger mit dem goldenen Schwan, direkt über dem Zifferblatt mit seinen römischen Zahlen, gab den traulichen Schimmer zurück, und nur sein monotones Ticken drang an ihr Ohr. Nun fiel sie einem bittersüßen Gifte zum Opfer.

Da war es wieder, das Gefühl eines kaum zu überblickenden Glücks. Weit weg, viele schöne Tage lagen da, vielgestaltig, versunkene Welt, die sie viel mehr anging als das Heute. Sie sah die Bläue jenes glücklichen Sommers. Ein Ausruhen kam in ihre Seele, eine vergangene, glückliche Zeit erstand neben ihr.

Verborgene Tränen sind die schärfsten. Sie stand am Kreuzweg und streifte mit elendem Grübeln, was ihr zuwider war. Kalt wie aus Stein war ihr Gesicht. Sie bewegte sich nicht, und doch ging ein leises Schauern durch ihre Gestalt. Sie setzte sich auf einen Stuhl, sah an die Decke, folgte der gemalten Bordüre. An ihr Herz fassend merkte sie, daß es verschwunden war oder zusammengeschnürt. Es ist so schwer, wenn man jung ist, so dachte sie. Dort das Bild ihrer Eltern und des verstorbenen kleinen Bruders. Hier der Korb mit dem Strickzeug und ihre über alles geliebte Hohlsaumdecke, an der sie schon als ganz junges Ding gestichelt hatte und die zu Ehren des Tages aufgelegt war.

Wie nichtig dies alles.

Es ging ein hartes Lächeln über ihre Züge und erstarrte zur Maske. Totenstille umgab sie. Die Gedanken kreisten. Sie zog einen Mantel an und schlang den schwarzen Umhang um ihre Gestalt. Die Laterne ließ ihr Licht auf den Fliesen des Flures tanzen.

Leise, ganz leise stieß sie die Türen auf und schlich aus dem Hause, über den Hof. In der geöffneten Hoftüre, die sie nicht schloß, blieb sie stehen, sah zum Fenster der Kammer, und vor ihren Augen begann ein magischer bunter Tanz. Sie fühlte, wie der Schweiß ausbrach. Die Tränen der letzten Zeit erstiegen den Berg.

Sie trat auf die verschneite Gasse mit elender, unaufhaltsamer Kraft. Sie ging. Wohin? Erlösung suchend.

Sah nicht die Holderbüsche, die neben den Häusern, mit filigranem rauhen Reif festlich geschmückt, aus den Winkeln starrten und deren starker Duft der Dolden im Frühsommer die niederen Schlafkammern betäubte. Nein, sie ließ sich nicht täuschen.

Das Ehepaar B., welches vor Jahresfrist das Haus in der Gasse bezogen hatte, gab den Bewohnern eine Zeitlang Stoff zur Unterhaltung und zu allerlei Betrachtungen. Einem ungeliebten Manne mußte Jettchen auf Geheiß ihrer Eltern folgen, nach einer überglücklichen, jedoch nur kurzen Ehe mit ihrer so heißen Jugendliebe. Jedoch nach einem schweren Krankenlager hatte er sie allein gelassen.

Sie war guten Willens gewesen, diese Vernunftehe einzugehen. Viele Geschwister nagten noch am Tische der Eltern, und sie war gezwungen, mit dem Ungeliebten das Bett zu teilen. Zuerst konnte man sich auch ohne viel Mühe verständigen in der neuen Ehe, jedoch die Kluft blieb, es fehlte an Innigkeit, an Verbundenheit, an Liebe.

So wurde aus der lebenslustigen nach und nach eine harte Frau.

Die aber das eine wußte, und es reichte aus, um es in jene Bitterkeit münden zu lassen, die langsam den Verstand umnebelte, ohne tiefe Liebe durchs Leben gehen zu müssen.

Jettchen ging durch die verschneiten Gassen, die noch etwas vom Glanz des Festes hinter den Scheiben vermuten ließen, und nur ein Hofhund bellte an der Ecke der Schmiede, als sie vorbeiging, in Richtung Dietenborner Klostergut. Sie drückte die Laterne wie einen Talisman, der ihr beistehen müsse, an sich, und ihre Schritte versanken im weichen Schnee. Eine gleichgültige weiße Einöde lag vor ihr wie eine Wüste, und die eishellen Kristalle rieselten aus dem Dunkel und verwischten leise ihre Spur. Ein Hauch von endloser Ewigkeit berührte sie, und sie ging schneller und schneller.

Wild schossen die Gedanken, verwirrten sie, gaben ihr Hoffnung, raubten jedoch gleich wieder ihren Mut.

Und wie man es oft von Ertrinkenden erzählt, glitt ihr in rätselhafter Weise ihr ganzes Leben vorüber.

Wie war es, als der Geliebte um sie gefreit, just zur Weihnachtszeit? Sie schlug das Buch auf, spürte die heißen Küsse, die an Glut nicht zu überbieten waren, und selbst das leiseste Wort von ihm war echt und schön. Alles lag im Nebel. Dann kam das schwarze Blatt.

Und plötzlich stand die rauhe, täppische Nacktheit ihrer jetzigen Ehe vor ihr.

Sie hastete vorwärts. Links ragten auf der Anhöhe die schwarzen Flügel der Windmühle wie Geisterhände empor. Jettchen sah ihre Kindheit vorüberziehen im heimischen Elternhause, voller Geborgenheit und Glück zwischen ihren Geschwistern, behütet von Eltern und Großeltern. –

Langsam drang die Feuchtigkeit durch ihren Mantel, und die Nässe bemächtigte sich ihrer geschnürten Stiefeletten.

Da, mit einemmal wurden die Flockenherden dichter, die

Kälte klirrte mit dem Wind in den dürren Zwetschgenbäumen. Der höchste Punkt auf dem Klosterberge war erreicht. Die Röcke blähten sich. Der Atem gefror in der Schleife der Haube, der Schnee knirschte unter ihren Tritten, und nun mußte sie einzelne Schneewehen durchwaten. Die Laterne begann zu flackern, als sie die Kapuze noch überstreifte.

Das Vorwärtskommen ward mühsamer, sie wurde jedoch von einer unerklärlichen Kraft getrieben. Sie kannte ihr Ziel. Die Brettermühle.

Oft war sie schon dort bei der Verwandtschaft ihres jetzigen Mannes. Hatte sie sich nicht schon im Spiegel des tiefen Brunnens betrachtet? Und war damals nicht schon der Gedanke an ihre Rettung aus Herzensnot gekommen? Sie mußte aus dieser Ausweglosigkeit heraus. Die Not steigt aufs höchste. Sie muß zu ihm. –

Nichts hätte sie abhalten können. Ihre Gedanken kreisten wie im Dreieck. Raben scharten sich in dürren Bäumen. Aufdämmerndes Erkennen ihrer Flucht durchstreifte ihre Gedanken.

Vor vielen hundert Jahren hatten die dicken Klostermauern dort drüben Mönche und Nonnen aufgenommen und wußten wohl auch von Tränen und Leid zu berichten, von denen, die Schutz vor dem Leben draußen gesucht hatten. Vielleicht waren jene auch dem Leben entsprungen, wie Jettchen in dieser Nacht. –

Das Klostergut und die Schenke an der Straße lagen wie verwaist. Dort rechts vor dem Helbetale hatte der Steinmüller seinen Sitz. Wie oft war sie schon diesen Weg gegangen. Nur ein Hund meldete sich mit heiserem Bellen.

Der Schneesturm raste durch den nahen Wald, und die Helbe rauschte volltrunken und glucksend ins Tal hinunter. Häßlicher, fauliger Geruch kam vom trübseligen Welken der Blätter am Helbeufer.

Enger schlang sie den Umhang zusammen. Vorwärts, nur vorwärts.

Die Sehnsucht trieb sie.

Jetzt war der Weg zur Brettermühle endlich erreicht, der mit dem Mühlbach lief. Schnee glitzerte nun übers Feld, denn die Wolkendecke ward etwas vom Mondlicht zerrissen. Jedoch, je näher sie der Mühle kam, je lauter der Mühlbach rauschte, um so dunkler wurde es wieder.

Sie bemerkte es nicht. Sie lief ihren Gedanken nach, und wie von einer Spule so lief ihr der dichtverschneite Weg unter den Füßen dahin. Endlich am Ziel. –

Der dunkle Brunnenrand im Garten der Brettermühle war die letzte Mauer zwischen ihr und dem ersehnten Auswege.

«Alle Versuche am nächsten Tage, des Ehemannes und der ganzen Dorfbevölkerung, sie aufzufinden, blieben erfolglos. Bis sie endlich am Vormittage des nächsten Tages als Leiche in dem tiefen Brunnen der zu Großberndten gehörigen Brettermühle gefunden wurde, in den sie sich in selbstmörderischer Absicht gestürzt hatte.»

Ein an der Dietenborner Straße wohnender Einwohner Sch. hatte des Nachts aus dem Fenster gesehen und ab und zu einen Lichtpunkt auf dieser Straße beobachtet. Daraufhin hatte man in dieser Richtung gesucht.

Meine Mutter, die ein Mädchen von zehn Jahren zu dieser Zeit gewesen ist, hatte diese Ereignisse nie vergessen. Immer zwischen Weihnachten und Neujahr machten sie die Runde im Familienkreis. Ein ganzes Dorf wurde in Atem gehalten, und der Umhang schwamm auf dem Wasser, er hatte sich am Brunnenrand verhaftet, so erzählte sie.

«Am Freitag, dem 31. Dezember, am Silvestertage, wurde sie auf dem hiesigen Friedhof zur Erde bestattet. Den Abschluß des Jahres bildete ein gutbesuchter Gottesdienst mit der Feier der Beichte und des heiligen Abendmahles, und um Mitternacht verkündete viertelstündiges Geläut vom Turm mit allen Glocken in drei Absätzen den Beginn des neuen Jahres.» So der Pfarrer.

Ob Jettchen diese vom nahen Turme klingenden Glocken Erlösung brachten?

*Hanna Dunkel*

## Eine himmlische Windfahne

Der Wind hatte zugenommen. Er rappelte im Kamin, pfiff unter der Außentür hindurch und heulte wie ein Gespenst vor dem Fenster. Der Engel, der in der Weihnachtszeit seinen Platz im Garten vor Veras Küchenfenster hatte und die Spaziergänger veranlaßte, lächelnd stehenzubleiben, wurde mal in die eine, dann in die andere Richtung gestoßen. Seine hölzernen Flügel drehten sich vorwärts und rückwärts, ganz nach den Launen des ungestümen Windes.

Er blies auch den zwei Gestalten ins Gesicht, die sich mit roten Mänteln und Kapuzen als Weihnachtsmänner verkleidet hatten, und riß wütend an ihren falschen Bärten. Jan und Albert stemmten sich gegen den Wind und warfen begehrliche Blicke über die Zäune zu den Häusern hin. Sie kannten die Leute, die dort wohnten, wußten, wo mit Hunden zu rechnen war – aber niemand kannte sie!

Vera war froh, daß ihr Mann mit den Kindern zur Oma gefahren war und sie zwei Stunden Zeit hatte, den Baum zu schmücken, bevor sie gemeinsam zur Kirche gingen. Sie nahm die große Blechdose vom Küchenschrank, in ihr hatte sie die Kekse aufbewahrt, die sie in der Adventszeit gebacken hatte. Braune Kuchen, Spekulatius, Nußschnitten, Anisplätzchen, Kokosberge und Spritzgebäck – der Duft dieser Mischung gehörte zu Weihnachten wie der Tannenbaum. Sie schichtete die Kekse auf einen großen Teller. «Weihnachten wird trotzdem in diesem Jahr anders werden», dachte sie mit Trauer. «Wenn er nur nicht soviel geraucht hätte, würde er heute noch leben!» Aber sie kannte ihren Vater nicht anders als mit Zigarre oder Pfeife. An Weihnachten fehlte er ihr besonders.

Draußen fiel etwas krachend um. Vera sah aus dem Fenster, doch entdeckte sie nicht, was es gewesen war. Mit dem Wind flogen nun Schneeflocken durch die Luft, eine dünne weiße Schicht bedeckte den Garten und den Weg dahinter. Der Schnee blieb sogar auf den Obstbäumen im Feld liegen. Die Kinder würden sich freuen, Vera summte ein Weihnachtslied. In der beginnenden Dämmerung sah sie gerade noch zwei Weihnachtsmänner mit geschulterten leeren Säcken auf dem Weg entlangtraben. Sie schienen es eilig zu haben.

Vera begann den Baum zu schmücken, verteilte die Kerzenhalter gleichmäßig am Tannenbaum, steckte die Bienenwachskerzen hinein und band die kleinen und großen Glaskugeln an die Zweige. Dazu kamen verschiedene Spielsachen, die sich im Laufe der Jahre angesammelt hatten. Ihre größten Schätze waren der kleine Engel aus Goldpapier mit den krausen weißen Haaren und der rote Filzengel mit grünen Haaren und grünem Mund. Geschenke ihrer Tochter aus der Kindergartenzeit. Die hölzerne Glocke ihres Sohnes mit unregelmäßigen rot-blau-gelben Streifen, hängte sie daneben in den Baum. Zuletzt verteilte sie die Lebkuchenherzen an den Zweigen. Zusammen mit den Kerzen und dem Tannenduft war das der Geruch von Weihnachten. «Stimmt nicht», dachte sie wehmütig. «Mir fehlt der Rauch von Zigarren!»

Vera holte nun die kleinen und großen Geschenkpäckchen aus ihren Verstecken und legte sie unter dem Baum. Ganz vorne stellte sie den Lokschuppen hin, den ihr Vater für seinen Enkel gebaut hatte. Er war gerade noch fertig geworden, bevor er nichts mehr tun mochte.

Inzwischen war es ganz dunkel geworden. Vera beeilte sich,

denn sie hörte Autotüren schlagen und die aufgeregten Stimmen ihrer Kinder. Sie zog die Tür zum Wohnzimmer zu und drehte den Schlüssel herum. «Zutritt verboten!» lachte sie, als die zwei hineinstürmen wollten. Sie zog sich Mantel und Stiefel an und hakte ihre Mutter ein. Gemeinsam verließen sie das Haus. «Bestimmt hat der Weihnachtsmann die Geschenke gebracht, wenn wir zurückkommen!» sagte sie.

«Geholt!» flüsterte Jan seinem Freund Albert zu. «Gleich gibt es Bescherung!»

«Glück muß man haben», sagte der und stieg über den Zaun.

«Und den richtigen Riecher», setzte Jan hinzu, während sie geduckt durch den Garten zum Haus schlichen.

«Die ganze Familie ist in der Kirche. Zeit genug!» flüsterte Albert und bohrte ein Loch in den Fensterrahmen. Es war für ihn eine Kleinigkeit, das Fenster zu öffnen und einzusteigen.

«Zu Hilfe, zu Hilfe!» rief der Windfahnenengel unhörbar und blies in seine kleine Trompete. «Einbrecher, Räuber, Diebe!»

«Zu Hilfe, zu Hilfe!» riefen ebenso der kleine Goldengel und der rote Filzengel, und die gestreifte Holzglocke läutete Sturm, als die zwei falschen Weihnachtsmänner ins Wohnzimmer kamen.

«Nun sacken wir die Geschenke ein!» frohlockte Jan und wollte gerade eines von den Päckchen in seinen Sack stecken.

«Das ist nicht für euch!» sagte mit ruhiger Stimme der alte Mann, der in dem Schaukelstuhl saß und für einen Augenblick die Zigarre aus dem Mund genommen hatte. Die Straßenlaterne gab genug Licht im Zimmer, er hatte ein Buch auf den Knien, seine Füße steckten in karierten Hausschuhen, sogenannten Kamelhaarpuschen.

«Scheiße!» fluchte Albert und zog die Pistole heraus, die er trotz Jans Mißbilligung immer mit sich führte. Jan mit seiner Planung! Diesen alten Herrn hatte er nicht mit eingeplant! Albert schwitzte, er zielte auf den Mann, der nach wie vor gelassen im Schaukelstuhl saß und rauchte.

«Jetzt meinst du, du mußt mich umbringen, weil ich dich gesehen habe», sagte er. «Zum Diebstahl auch noch ein Mord!» Er steckte die Zigarre in den Mund und ließ die Glut rot aufleuchten.

«Du würdest uns verraten!» schrie Albert vor Erregung zitternd. «Steh auf!»

«Wie konnte das nur passieren? Das wollte ich nicht!» sagte Jan tonlos.

«Aber er muß es tun, ich würde euch genau beschreiben können – nur habt ihr damit einen Mord auf dem Gewissen!» sagte der Mann im Schaukelstuhl. «Glaubt ihr an Himmel und Hölle? Oder daran, daß eure Taten gewogen werden, die guten und die schlechten?» Er blies mit Genuß den Zigarrenrauch in kleinen Ringen von sich. «Ich habe früher nicht daran geglaubt!»

«Quatsch nicht soviel. Steh auf!» schrie Albert nervös.

«Nein!» sagte der Bedrohte. «Du mußt mich schon hier im Weihnachtszimmer erschießen.»

Albert wollte ihn nun mit Gewalt aus dem Sessel zerren, wollte ihn an seinem Pullover packen, ihn in den Keller bringen, ihm einen Sack über den Kopf stülpen und ihn dann ... Aber seine Hände griffen ins Leere. Der Mann saß da und war doch nicht greifbar, dazu lächelte er unergründlich und rauchte. Wo Albert ihn auch anfassen wollte, faßte er ins Nichts. Jan wollte ihm helfen, aber auch er konnte nur den Stuhl fassen, nicht den Mann daraus vertreiben.

Da ergriff sie ein unaussprechliches Entsetzen. Mit gesträubten Haaren liefen sie aus dem Haus, sprangen und stürzten über den Zaun, stolperten weiter, wirre Schreie ausstoßend, und rannten, als wäre der Teufel hinter ihnen her.

Der Engel drehte vergnügt seine Windmühlenflügel und rief: «Gut gemacht!»

«Ganz wunderbar!» stimmten die Engel am Tannenbaum ein, und die Holzglocke bimmelte entzückt.

Als die Familie vom Kirchgang zurückkam, sah sie einen leeren Jutesack im Flur liegen.

«Der Weihnachtsmann war da!» jubelten die Kinder.

Vera ging in das Wohnzimmer und steckte die Kerzen an. «Es riecht so wie richtige Weihnachten, nach Keksen, Tanne, Lebkuchen, Bienenwachs und Tabakrauch!» Einen Moment lang war sie so froh, als wäre es ein Weihnachten, wie es alle Jahre gewesen war.

*Christa Schrott-Mäder*

## Weihnachtsbaummärchen

Es war einmal ein kleines Tannenbäumchen. Das stand mit seinen Geschwistern in Reih und Glied in einer Baumschule. Eines Tages kam der Gärtner und grub es aus. Angsterfüllt verabschiedete es sich von den anderen. Anschließend wurde es in einen Blumentopf gepflanzt und bekam ein weißes Kleid von Schnee aus der Sprühdose. Kleine bunte Kugeln wurden an den Zweigen befestigt.

Da stand es nun mit anderen, viel größeren Tannenbäumen zum Verkauf.

«Ach, es wäre herrlich, so ein großer schöner Baum zu sein.» Bewundernd schaute das Bäumchen an ihnen hoch.

Nach einer Zeit waren fast alle Nachbarbäume verkauft.

«Ob mich kleines Bäumchen überhaupt jemand haben will», überlegte es.

Da blieb ein älteres Ehepaar stehen, ihnen gefiel das kleine Bäumchen, und sie nahmen es mit.

Zu Hause angekommen, wurde es auf einen Tisch gestellt, wo schon eine Schale mit Nüssen, Apfelsinen und Pfefferkuchen vorbereitet war. Oh, wie herrlich das duftete. Es wurde ein wunderschönes Weihnachtsfest.

Als alle Lichter gelöscht waren und die Ruhe einkehrte, schlief auch das kleine Bäumchen.

Es träumte einen wunderbaren Traum:

Als großer Baum stand es in der Mitte des Zimmers. Herrlich geschmückt mit Kugeln, Silberfäden, kleinen Holzfiguren und Naschereien. Kinder packten unter seinen Zweigen die Spielsachen aus, die der Weihnachtsmann beschert hatte.

Am anderen Morgen, als es hell wurde, erwachte es und seufzte, das werde ich nie erleben. Nach dem Fest werde ich in der Biotonne landen.

Aber welche Freude, das Ehepaar beschloß, die Tanne in den Garten zu verpflanzen.

Eines Tages war es dann soweit. An einem frostfreien Tag wurde die kleine Tanne umgesetzt. Sie kam vor eine Gruppe von Sträuchern.

Der Perückenstrauch guckte ganz verdutzt und sprach zu seiner Nachbarin, der Weigele: «Wen haben sie uns denn da vor die Nase gesetzt. So ein kleines Ding, wo wir doch so groß sind.» Die Forsythia nickte nur bestätigend mit ihren Zweigen. Und sie lachten über die Tanne und verspotteten sie. Diese nahm all ihren Mut zusammen und erzählte, was sie schon alles erlebt hatte. Da staunten die Sträucher nicht schlecht.

«Aber wir sind viel größer, schöner und älter als du», beharrten sie eigensinnig.

«Wir werden dich schon verdrängen, du wirst schon sehen.»

Der Winter verging, und als es Mai wurde, reckte die kleine Tanne ihre zarten grünen Spitzen ganz weit vor. Die Sträucher taten es ihr nach. Noch immer spotteten sie und brüsteten sich mir ihrer Größe. Das wurde ihnen zum Verhängnis. Im Herbst kam der Mann mit der großen Schere und stutzte ihre Äste, die Sträucher waren zu groß geworden. Das Ganze vollzog sich sechs Jahre lang – jeden Herbst. Die Sträucher waren ganz kleinlaut geworden und spotteten auch nicht mehr, denn in der Zeit war die Tanne größer als sie.

Im Dezember stand wieder das Ehepaar davor. Der Mann sprach: «Schau einmal, wie schön sie geworden ist. Weißt du was, wir schenken sie unseren Kindern zum Weihnachtsfest, damit auch die Enkelchen ihre Freude daran haben.»

Der Tannenbaum rieb in seeliger Erwartung seine Zweige aneinander, er war ganz stolz über seine Schönheit und Größe.

Es vergingen noch einige Tage, doch dann war es soweit. Das Tannenherz hüpfte vor lauter Freude.

«Mein Traum geht in Erfüllung.»

Die Säge zerschnitt noch das letzte Band zur Wurzel, die den Baum wohl genährt hatte.

«Lebt wohl, ihr Sträucher und alles, was ich hier im Garten kennengelernt habe. Ich werde ein wunderschöner Christbaum sein, aber euch werde ich nie wiedersehen, vergeßt mich nicht.»

Fröhlich winkte er noch einmal mit seinen Zweigen, bevor er abtransportiert wurde.

*Eva Brandes-Pakert*

## Warum der Tannenbaum bis zum 8. Januar stehenbleibt

Da stand er nun in der Stube, festlich geschmückt und herausgeputzt, er strahlte mit den Lichtern und glitzerte und gefiel mir sehr gut. Nun konnte das Heilige Fest beginnen; doch ich war allein und fühlte mich von aller Welt verlassen.

Dabei hatte ich doch alles: Unabhängigkeit, meine Eltern,

ein schönes Zuhause und einen kleinen Hund. Die Einsamkeit war in mir, denn ich war krank ... alkoholkrank. Deshalb hatte ich es auch vorgezogen, allein in meinen vier Wänden die Feiertage zu verbringen, so konnte ich meiner Sucht frönen, wie es mir beliebte, d. h. wohin die Abhängigkeit mich schon gebracht hatte. Was mir fehlte, war meiner Meinung nach nur eine feste Beziehung, dann wäre es mit meinen Alkoholeskapaden vorbei; daß es so aber nicht stimmen konnte, erkannte ich erst später. Im Inneren aber wußte ich bereits, daß ich meinen Abgrund der Hölle erreicht hatte, denn der Teufel Alkohol hielt mich im Griff. Soviel hatte ich mir an Wissen schon erworben und angelesen, konnte aber meine Kapitulation noch nicht akzeptieren und mir ein Leben ohne meinen Freund einfach nicht vorstellen. So fand ich immer wieder Gründe, meinen Kummer im Selbstmitleid zu ertränken, denn keiner liebte mich, am wenigsten aber ich mich selber! In den Spiegel mochte ich oft nicht mehr schauen. Was war aus mir geworden? Da sah mich ein aufgequollenes, versoffenes Gesicht an, es war zum Heulen! So ging das schon eine lange Zeit, bloß die trockenen Zwischenräume, in den ich mich erstaunlich schnell regenerierte, wurden immer kürzer, da konnte mir meine festliche Weihnachtsstube auch nicht drüber hinweghelfen. In dieser besinnlichen, doch für mich kummervollen Vorweihnachtszeit fing ich an, klassische Musik zu hören, und bekam einen kleinen Eindruck davon, wie es sein könnte, mit sich selber im Frieden zu leben. Meine Sehnsucht danach wurde immer größer, und ich ahnte, daß es einen Weg geben würde, wußte bloß nicht wo und wie. Bloß ohne Alkohol konnte ich es mir nicht vorstellen und plagte mich deshalb mit Selbstmordgedanken. So ging das Weihnachtsfest traurig vorbei, und das neue Jahr begann.

Ich einsam in meiner Wohnung mit meinem ständigen Begleiter. Vom Tannenbaum mochte ich mich noch nicht trennen, er war für mich ein Stück Freude und Hoffnung, es hieß doch «Friede auf Erden», vielleicht auch mal für mich ... Außerdem sah er noch tadellos aus, ich hatte ihn mit Ballen gekauft, nicht so ein entwurzeltes Etwas, wie ich mich fühlte. Leider half es nicht, meine Exzesse nahmen zu, und ich war nur noch traurig.

Die Wende kam Anfang Januar: Eines Abends besuchten mich (auf Drängen meiner Mutter) zwei Personen einer Selbsthilfegruppe. Ich bekam einen Heidenschreck, was würden sie mit mir machen? Gedanken an eine Gummizelle gingen mir schlagartig durch den Kopf. Herein kamen aber keine Leute im weißen Kittel, sondern zwei ganz «normale» Menschen, die sich mir als trockene Alkoholiker vorstellten, ein Mann und eine Frau. Die Frau bemerkte gleich: Oh, hier steht noch ein hübscher Tannenbaum. Von dem weiteren Gespräch habe ich nicht mehr viel behalten, bis auf das letzte Wort des Mannes: Na fein, dann sehen wir uns am Dienstag in unserer Gruppe! Ich war perplex, was dachte der sich! Und weg waren sie. Meine ersten Gedanken danach waren: Gott sei Dank, ich lebe noch und könnte mir noch etwas zu trinken kaufen. Aber irgend etwas hielt mich davon ab, ich erkannte die Möglichkeit, mein Leben eventuell zu ändern, und griff nach dem Strohhalm der Hoffnung. Von diesem Abend an, es war Freitag, der 8. Januar 1982, habe ich keinen Tropfen Alkohol mehr getrunken. Ich begann am Wochenende, mich zu regenerieren, räumte auf und trennte mich von meinem kleinen Baum. Pünktlich war ich am Dienstag abend beim Gruppengespräch. Daß mein Leben sich damals ändern könnte, zog ich noch nicht in Betracht, aber Alkohol rührte ich nicht mehr an.

Wie ich später erfuhr, sagte die Frau zu dem Mann, als sie den Abend bei mir wegfuhren: Peter, das wird mal deine Frau! Heute sind wir seit zwölf Jahren verheiratet, haben eine gesunde Tochter und meinen, unser Leben im Griff zu haben.

Ach ja, und weil mein zweites Leben am 8. 1. 1982 begann und ich jedes Jahr dann meinen trockenen Geburtstag begehe, steht unser Weihnachtsbaum immer bis zum 8. Januar.

*Isolde Ahr*

## Der Heilige Abend

Morgens schon hatten die Eltern den Tannenbaum im Wohnzimmer aufgestellt und geschmückt. Das Weihnachtszimmer wurde verschlossen.

Ich war dreizehn Jahre alt und sammelte von Marilyn Monroe alle Fotos, Kinoplakate und Filmprogramme, derer ich habhaft werden konnte. Im Kreis meiner Schulkameradinnen hatte ich die größte und umfangreichste Sammlung, und ich war stolz darauf. Durch Tauschen und glückliche Zufälle hatte ich auch seltene Bilder und die eine oder andere Rarität ergattert, was mich zur absoluten Expertin machte und mein Ansehen ungeheuer hob.

Der Tag zog sich endlos hin, und ich mußte, damit sich meine jüngeren Geschwister ruhig verhielten, mit ihnen noch eine Stunde auf den Spielplatz. Und dort erhielt ich ein Superangebot – einmalig, aber nur sofort tauschbar – ein Aktfoto von M. M.

Ich fand eine Freundin, die mal eben auf die Kleinen aufpaßte und stürmte die Treppen hinauf, um Tauschmaterial zu holen. Im Kinderzimmer stellte ich fest, daß das Nachtschränkchen, das meine Sammlung enthielt, fehlte.

Mutter war zornig, daß ich die Kleinen unter fremder Aufsicht gelassen hatte, und das nur wegen des Fotos irgendeines

Filmstars. Mütter haben eben keine Ahnung, was wirklich zählt. Außerdem, so machte sie mir klar, käme ich, bevor die Weihnachtszeit vorbei wäre und der Baum abgemacht werden könnte, sowieso nicht an meine Tauschmappe. Der Weihnachtsbaum stand auf dem Schränkchen, das meine Schätze enthielt – also Fehlanzeige.

Selbst als die Mutter eben mal zur Nachbarin hinüberging, half mir das nichts, das Zimmer war ja abgeschlossen. Vergessen hatten die Eltern aber, daß eine weitere Tür von einem anderen Raum auch in das Weihnachtszimmer führte. Bei meinem vorsichtigen Versuch gab diese Tür nach. Die Mutter würde nicht merken, daß ich mir die Mappe geholt hatte.

Ich schlich in das Zimmer, wo der mit Kugeln, Kerzen und vielen Süßigkeiten reichgeschmückte Baum stand. Die Mutter hatte eine weiße Tischdecke über mein Nachtschränkchen gebreitet, die bis auf den Fußboden reichte.

Ich traute mich kaum, mich umzublicken. Tannenduft und der Geruch von Plätzchen erfüllten das Zimmer. Vor dem Baum viele bunte Päckchen. Welches wohl für mich war? Ich war so neugierig, aber die Angst, überrascht zu werden, war größer. Nur schnell die Tischdecke hoch heben und die Schranktür aufmachen.

Da hörte ich Vater und Mutter ins Nebenzimmer kommen.

Und die Eltern hörten Poltern, Klirren und einen Schrei aus dem abgeschlossenen Zimmer. Als sie die Tür endlich geöffnet hatten, lag ihre älteste Tochter unter der weißen Tischdecke, die das Schränkchen bedeckt hatte, inmitten all der bunten Päckchen. Obenauf lag der fast kahle Weihnachtsbaum. Rundherum und im ganzen Zimmer verstreut, fanden sich die Reste des Weihnachtsbaumschmuckes und der Süßigkeiten, die den Baum geziert hatten – zersplittert, zerbrochen, zerstört.

Ich aber hielt meine Sammelmappe fest an mich gedrückt.

Den Heiligen Abend habe ich nicht in guter Einnerung. Die Stunde der Bescherung verbrachte ich im Bett, und meine kostbare Sammlung von Marilyn-Monroe-Bildern war in den Flammen des Küchenherdes.

Und der Gesang der Geschwister aus dem Weihnachtszimmer unter den Resten des ehemals so reichlich geschmückten Tannenbaumes verhöhnte mich: «O Tannenbaum, o Tannenbaum, wie grün sind deine Blätter!»

*Ilse Mucks*

## «Hatschi» – ein sehr verschnupfter Schneemann

«Hatschi», so machte der dicke schneeweiße Schneemann – und dabei wären ihm beinahe die rabenschwarzen Kohleaugen aus den Höhlen gefallen – und nochmals «Hatschi!».

Kopfschüttelnd stromerte eine Tigerkatze vorbei. «Wie kann man nur so zimperlich sein!» – «Du hast gut reden», antwortete der Schneemann, «du mußt ja auch nicht immerfort bei Tag und Nacht an einer Stelle kleben, schleichst hier durch die Gegend, als ob sie dir gehörte!» Ohne weiteren Kommentar verzog sich der Vierbeiner unter die verschneite Fichte und schreckte ein verliebtes Meisenpärchen auf, das spontan auf die Spitze des Baumes flüchtete. «Nicht nur, daß hier Hinz und Kunz hinterhältig durch die Gegend schleichen, nein, der feine Herr dort in seinem lächerlichen weißen Frack verpestet auch noch die Umwelt mit seinen Bazillen. Laß uns lieber einen anderen Platz aufsuchen», und fort waren sie.

Eine große Schneeflocke wirbelte vom Himmel und landete direkt auf der rotgefrorenen Mohrrübennase, als der dicke Schneemann wieder zu niesen begann. Dieses Mal tat er das so intensiv, daß er dabei fast seinen steifen Zylinderhut verloren hätte, denn dieser war ihm ohnehin um mindestens eine Nummer zu groß. Verstört und noch total verschlafen schlüpfte ein Mäuslein aus seinem Schlupfloch hervor. «Verflixt noch mal, Dicker, kannst du nicht die Luft anhalten? Das pfeift mir ja durch alle Ritzen in meinem Nest.» – «Hatschi!» antwortete der Schneemann – und noch einmal laut vernehmbar: «Hatschi!» Mißbilligend schüttelte das Mäuslein den Kopf.

«Dich hat es ja ganz schön erwischt, solltest mal den Doktor Wichtel zu Rate ziehen», und damit verschwand es so schnell, wie es gekommen war.

Die Kinder, die sich in der warmen Wohnung ein wenig aufgewärmt hatten, schoben die Gardine zurück, als sie im Garten ein deutliches Niesen vernahmen. «Mensch, Michael, der Schneemann hat sich verflixt erkältet. Ob ich ihm meinen alten Schal rausbringe?» – «Könnte ihm wohl nicht schaden, zur Nacht wird es ohnehin um einiges kälter werden.» Und somit verschwand Matthias nach draußen und schlang das gute Stück um den viel zu dicken Hals des Schneemanns. «So, mein Lieber, der wird dir gute Dienste leisten, den brauche ich sowieso nicht mehr.» Schnell flüchtete Matthias wieder ins Warme zurück.

Für Frau Holle war es unterdessen an der Zeit, einen Blick auf die Erde zu werfen. Hatte sie auch genügend die Betten geschüttelt? Das mochte wohl sein, aber dann sah sie den hilflosen Schneemann, der immerfort hustete und prustete und dabei heftig mit dem Kopf wackelte. «Armer Kerl», meinte sie mitfühlend, «hast ja schon eine ganz rotgefrorene Nase, warte, ich werde sie dir mit ein wenig Schnee wärmen.» Alsbald tanzten dicke, dichte Flocken lautlos vom Himmel, und die Erde ließ es schlafend geschehen. Kaum daß die Flocken sich auf der eisigen Nase des Schneemanns niedergelassen hatten, flogen sie auch schon unsanft durch die Gegend, denn der so arg Verschnupfte konnte das Niesen nicht einhalten. Da war guter Rat natürlich teuer.

Das verliebte Meisenpärchen schreckte jäh aus seinen Träumen auf. «Warte», piepste das Männchen verschlafen, «ich werde dem abzuhelfen wissen», und es setzte sich vorsichtig auf die verschnupfte Nase des Schneemanns, um sie zu wärmen. Das Weibchen aber, da es so allein gelassen wurde, fühlte sich einsam, breitete seine Flügel aus, um sogleich neben seinem Männchen Platz zu nehmen. In diesem Moment geschah es, daß die Mohrrübennase des Schneemanns abbrach und auf die Erde niederfiel, denn dem Gewicht der beiden Vöglein war sie nicht gewachsen. Schimpfend landeten die beiden im tiefen Schnee.

Denkt euch, was dann geschah! Ihr wißt es nicht? Nun, ganz einfach: Der dicke weiße Schneemann hörte ab sofort zu niesen auf, denn er hatte ja nun keine Nase mehr. Und wer keine Nase hat, der kann auch nicht niesen! Klar, nicht wahr?

*Doris Maria Kohrs*

## Gabriel

Es schneit immer noch. Schwere Windböen fegen mehr und mehr Winterweiß in die Stadt. Die Schneehaufen an den Gehsteigrändern wachsen von Stunde zu Stunde und machen den Weg schmal. So schmal, daß man mit den Entgegenkommenden auf Tuchfühlung gehen muß. Aber freiwillig verläßt heute ohnehin niemand seine Wohnung. Auch ich sehe mir das Flokkengestöber lieber vom Fenster aus an. Ganze Autos hat der Schnee schon in seinen eisigen Klauen. Dabei hat er sich bis jetzt eigentlich ganz gut gehalten, der Winter. Mild und schneearm war er gewesen, wie man es sich von einem gesitteten Großstadtwinter erwartet. Nun scheint er das Versäumte doppelt nachholen zu wollen. Für die Überschriften der Tageszeitung ist jedenfalls gesorgt. Das «Schneechaos in Wien» wird sicherlich auch diesmal das Rennen machen.

An einem Tag wie heute finden sich die Erinnerungen ganz

von selbst ein, ohne daß man nach ihnen suchen muß. Es ist lange her. So fangen Märchen an. Und jene Geschichten, in denen soviel «damals» und «noch» vorkommt, daß sie fast schon Märchen sind. Wieder bin ich das Mädchen mit den blonden Zöpfen, wie sie kleine Mädchen damals trugen, in dieser Zeit, in der es Weihnachten werden konnte wie niemals danach. Es war eine Zeit, in der fast alle Väter noch, in welcher Weise auch immer, den Zweiten Weltkrieg über sich ergehen hatten lassen müssen. Wie mein Vater, den es irgendwann einmal in diesem kurzlebigen «Tausendjährigen Reich» aus seiner Heimatstadt Hamburg nach Wien verschlagen hatte, wo er meine Mutter kennen- und liebenlernte, wie sich das so leicht zwischen zwei Zeilen schreibt. In Wirklichkeit war es eine Liebesgeschichte, die auf einem Stehplatz in der Staatsoper begonnen hatte. Aber im Gegensatz zur «Traviata», die man damals gab, hat sie ein Happy-End gefunden. So etwas konnte damals eben auch noch vorkommen. Zumindest hin und wieder.

Das Happy-End bedeutete zunächst eine Trauung im Wien der letzten Kriegstage mit all der damit verbundenen Dramatik. Es bedeutete aber auch, daß mein Vater nach der Kriegsgefangenschaft hier, in Wien, blieb. Zumindest einmal im Jahr besuchte er aber mit uns, also meiner Mutter und mir, meine Großmutter. Sie lebte am Stadtrand von Hamburg allein in ihrem Haus. Mein Großvater war kurz nach dem Krieg gestorben. So war mir Hamburg zu einer Art zweiten Heimat geworden. Heute ist diese für mich freilich in weite Ferne gerückt, und ich denke an sie wie aus einem Exil, aus dem mir die Rückkehr verwehrt ist. Und ein bißchen ist es wohl auch so. Sicher, nichts und niemand könnte mich davon abhalten, in einen der Züge zu steigen, die täglich vom Westbahnhof nach Hamburg fahren. Nicht einmal umsteigen müßte ich mit dem Prinz Eugen um 8 Uhr früh, dem Joseph Haydn um 10 Uhr oder gar dem schnellen Abendzug um 20 Uhr.

Aber es gibt eben Orte, in die fährt man nicht so einfach, obwohl man es könnte. Sie liegen sozusagen in der Vergangenheit.

Andrej Tarkowskij, der große russische Regisseur, hat einmal, als er einen Film über seine Kindheit drehen wollte, eine solche Reise unternommen. In sein Tagebuch schrieb er damals nur: «Man soll nicht zu den Ruinen zurückkehren.» Den Film hat er später trotzdem gemacht. Doch es ist ein sehr melancholischer Film geworden. Und auch das Schicksal von Gabriel, dem Weihnachtsengel, dem Helden meiner Geschichte, ist ein bißchen melancholisch. Die Fahrt nach Hamburg – heute ein guter Tag Autobahn – war damals mit unserem kleinen Lloyd ein dreitägiges Unterfangen. Trotzdem verabsäumten wir nie, uns dabei jedesmal ein anderes interessantes Stück Deutschland anzusehen. Einmal war es die Walhalla bei Regensburg, ein andermal die mittelalterlichen Städte Dinkelsbühl, Nördlingen und Rothenburg ob der Tauber. Diesmal wollten wir den Heiligen Abend bei meiner Großmutter verbringen. Was lag da näher, als den berühmten Nürnberger Christkindlmarkt zu besuchen?

Bald spazierten wir tatsächlich die Marktbuden entlang, kauften würzig duftenden Lebkuchen und Kerzen aus Honigwaben, gebrannte Mandeln und Zuckeräpfel.

Bei einer kleinen, unscheinbaren Bude am Rand des Marktes, wo die Welt des Flitters und der goldenen Sterne schon ins Dämmriggraue dieses nebeligen Dezemberabends verblaßte, fand ich ihn dann. Oder er mich. Wer kann das schon so genau sagen? Aber irgendwie muß er wohl meinen Blick angezogen haben, dieser kleine Engel aus buntbemaltem Holz. Er war nicht mehr der Jüngste, aber vielleicht war er gerade deshalb etwas ganz Besonderes für mich.

Sein lockenumrahmtes Gesicht schien Lieder von himmlischer Freude zu singen, und in seiner Hand hielt er eine kleine Kerze. Meine Eltern waren etwas erstaunt, als ich sie bat, mir diesen Engel zu kaufen. Sie hatten mir zwar versprochen, daß ich mir etwas vom Christkindlmarkt aussuchen dürfe. Daß es aber ausgerechnet so ein alter Engel sein mußte, damit hatten sie nicht gerechnet. Doch ich hatte meine Wahl getroffen. Und als sich unser Lloyd bald darauf mit seinem charakteristischen Zwei-Zylinder-Mückengesang tapfer weiter nach Norden hinauf kämpfte, fuhr Gabriel, der Weihnachtsengel, wie ich ihn getauft hatte, bereits mit. Und schien sich mächtig darüber zu freuen. Denn er lächelte so süß, wie wohl nur Engel lächeln können. Es war einer der schneereichsten Winter, an die ich mich erinnern kann. Die Fahrt durch die tiefverschneiten, immer flacher werdenden deutschen Winterlandschaften – Bayern, Hessen, Franken und wie sie alle heißen, bis hinauf nach Schleswig-Holstein – war anstrengend, und knapp vor Hamburg wären wir im dichten Nebel fast zu Akteuren einer spektakulären Massenkarambolage geworden, über die später die Abendnachrichten groß berichteten. Doch da waren wir bereits bei meiner Großmutter und tranken Tee in der gemütlichen Wärme des grünen Kachelofens, dessen Herz längst aus einer modernen Ölheizung bestand.

Weihnachten in Hamburg. Das bedeutete einen lebenden Christbaum. Einen Christbaum also, dessen Stamm nicht in grün-silberne Gußeisenwurzeln auslief, sondern eine kleine Tanne, die wir behutsam im Garten ausgruben. Aber anders als wir Menschen lieben die Bäume die Kälte und brauchen den Frost. Und so hat unser Bäumchen die Tage im geheizten Zimmer nicht lange überlebt, obwohl wir es bald wieder in den Garten zurückbrachten. Vielleicht hätte ich das in einer Weihnachtsgeschichte gar nicht erwähnen sollen, und vielleicht sollte ich auch den Karpfen aus dieser Erzählung heraushalten. Ich weiß noch, wie er auf den Tisch kam. Meine Großmutter hatte ihre ganze Kochkunst darauf verwendet, ihn in scheinbarer Unversehrtheit zu erhalten. Da lag er nun in der Mitte der festlich geschmückten Tafel, blau angelaufen, mit weitgeöffnetem Maul und milchig gehärteten Augen. Ein Anblick, der sicher vielen das Wasser im Mund zusammenfließen läßt. Bei mir bewirkte er jedenfalls geradezu das Gegenteil. Ich hielt mich an diesem Heiligen Abend an die Beilagen und habe auch seither keine Karpfen mehr gegessen.

Weihnachten in Hamburg bedeutete aber auch jene von mir überaus geschätzten braunen Mandelkekse mit ihrem unvergleichlichen Sirupgeschmack.

«Was für ein schöner Baum!» sagte meine Mutter. Wie jedes Jahr. Wir zündeten die Kerzen ein letztes Mal an, und während sie langsam niederbrannten, nahmen wir Abschied von Weihnachten. Bis zum nächstenmal. Und zugleich auch von Hamburg und meiner Großmutter, die sich wie immer fragte, ob sie dieses nächste Mal noch erleben würde. Dabei war sie eigentlich alles andere als sentimental. Ich war es sicher mehr als sie. Denn als der Tag unserer Abreise gekommen war, wollte ich einfach nicht, daß sie so alleine zurückbleiben sollte. Kurz entschlossen überließ ich sie der Obhut meines Freundes Gabriel, des Weihnachtsengels. Er würde schon aufpassen auf sie. Da war ich mir ganz sicher ...

Der Sommer kam, und mit ihm die Ferien. Und wieder plagte sich unser kleiner Lloyd hinauf nach Hamburg. Diesmal hatte er es freilich leichter. Der Sommer brachte auch ein Wiedersehen mit Gabriel, dem Weihnachtsengel. Meine Großmutter hatte ihm nämlich einen Ehrenplatz auf dem Klaviersims eingeräumt. Da stand er nun zwischen all den kleinen Kostbarkeiten, die sie von ihren vielen Reisen mitgebracht hatte, den tibetischen Glocken und Tempeldämonen, den chinesischen Kupferschalen und Emailvasen, und sah so traurig aus, daß ich mir wie eine Verräterin vorkam. Ich hatte ein ganz, ganz schlechtes Gewissen, daß ich ihn hierher verbannt hatte, zu dem schlafenden Mexikaner aus Messing und dem immerzu nur still vor sich hin lächelnden Buddha, die bestimmt nie ein Wort mit ihm wechselten. Sicher mußte ihm sterbenslangweilig sein, tagein, tagaus in dieser exotischen Gesellschaft …

Die Jahre vergingen. Irgendwann muß mein alter Freund wohl seinen Platz auf dem Klaviersims verloren haben. Ich erinnere mich jedenfalls nicht, ihn jemals wieder dort gesehen zu haben. Meine Großmutter hat noch viele «nächste Weihnachten» in körperlicher und geistiger Frische erlebt. Und als schließlich der zu ihr kam, der die Freuden schweigen heißt und die Freundesbande zerreißt, wie er in den Märchen von Tausendundeiner Nacht immer genannt wird, war sie fast neunzig.

Uns, ihren nächsten Verwandten, fiel die Aufgabe zu, den Nachlaß zu ordnen. Als mein Vater das Haus verkauft hatte, mußten wir es räumen. Jeder, der so etwas schon erlebt hat, weiß, was für eine traurige Angelegenheit das ist. Tage und Wochen verbrachten wir mit dem Sortieren von Büchern, Briefen, Fotos und Dokumenten. Es war nicht immer leicht zu entscheiden, was als erhaltenswert erachtet nach Wien mitgenommen und was auf dem Scheiterhaufen der Vergänglichkeit, den mein Vater im Garten aufgeschichtet hatte, den Flammen geopfert werden sollte. Aber nach all den fremden Gesichtern der unbekannten und sicherlich längst gestorbenen Menschen auf den alten Fotos fand sich endlich doch etwas Vertrautes. Ich entdeckte ihn in einer Schublade zwischen zerbrochenen Brillen, schadhaften Schmuckstücken, Medikamenten, silbernen Serviettenringen und Rommékarten. Die Zeit war nicht spurlos an ihm vorübergegangen. Die Farbe war an manchen Stellen abgegangen, aber sein lockenumrahmtes Gesicht schien immer noch Lieder von himmlischer Freude zu singen. Haben Dinge eine Seele? Manchmal glaube ich es. Mein kleiner Freund aus Kindheitstagen hat nun seinen fixen Platz auf meinem Schreibtisch gefunden. Ich sehe ihn oft an, und immer scheint er zu lächeln. So süß, wie wohl nur Engel lächeln können.

Der Wind pfeift und treibt immer noch Schneeflocken vor

sich her. Ein Trupp dichtvermummter Schneeschaufler macht sich unten in der Kälte zu schaffen. Aber hier drinnen, im Zimmer, ist es warm.

*Klaus Jäckle*

## Der Weihnachtsmann vom Glasbachtal

Als ich noch ein Bauernbub war, lebte ich mit meinen Eltern und dem alten Knecht Willi, der hinkte, auf unserem kleinen Bauernhof, verborgen im hinteren Glasbachtal.

Die nächste große Stadt war weit weg, und in den Wintermonaten spielte sich das Leben inmitten verschneiter Wälder für mich als kleiner Junge fast nur im näheren Umfeld des Bauernhofes und somit im Kreis der Familie ab.

Ich erinnere mich an den besonders harten Winter in der Weihnachtszeit in dem Jahr, als ich das allererste Mal den Weihnachtsmann gesehen habe. Seit Wochen schon lag ich meiner Mutter mit dem Wunsch in den Ohren, daß der Weihnachtsmann doch endlich einmal auch zu mir nach Hause käme.

Mutter vertröstete mich jedes Jahr damit, daß der Weihnachtsmann in der großen Stadt so viel zu tun hätte, daß er zu uns nicht kommen könnte.

Aber dieses Jahr war es besonders schlimm und ich quengelte bei jeder nur möglichen Gelegenheit. So gerne wollte ich den Weihnachtsmann einmal, wie andere Kinder auch, persönlich sehen.

Irgendwann gab meine Mutter genervt auf und versprach, dem Weihnachtsmann zu schreiben. So hatte sie erst einmal ihre Ruhe, und ich träumte nun jede Nacht davon, daß der Weihnachtsmann zu uns durch den tiefverschneiten Wald bis in unsere gute Stube käme – natürlich in der Hoffnung, daß er einen großen Sack, vollgestopft mit Geschenken, mitbringen würde.

So stieg meine Spannung von Tag zu Tag, und meine Erwartungen an den Weihnachtsmann wurden immer größer.

Als dann der große Tag gekommen war, wollte unser treuer Knecht in die Stadt, um mit seinen Verwandten zu feiern, wie er sagte. Das hatte er bisher noch nie getan, aber ich hatte ganz anderes im Sinn, als mir darüber den Kopf zu zerbrechen.

So fieberte ich dem Abend entgegen und konnte es kaum abwarten.

Endlich war es dann soweit. Ich hörte ein lautes Klopfen an unserer Stubentür.

Es war der Weihnachtsmann, der mit seiner Rute an die Tür geklopft hatte. Mit schweren Stiefeln, der Rute in der Hand und einem Sack auf dem Rücken trat er in unsere warme Stube ein. Er schaute mich mit listig funkelnden Augen über seinem dichten, langen Vollbart an und fragte mich, ob ich auch immer schön artig gewesen wäre. Daß ich erst gestern einem Spaziergänger von hinten Schneebälle nachgeworfen und mir von meinem Vater dafür eine Tracht Prügel eingehandelt hatte, verschwieg ich vorsichtshalber und hoffte, daß meine Eltern mich beim Weihnachtsmann nicht verpetzen würden. Sie taten es nicht.

Und so bekam ich aus dem großen Sack vom Weihnachtsmann sogar ein Geschenk. Einen riesigen Teddybär mit Knopfaugen und einer roten Schleife um den Hals. So einen Bär hatte ich mir schon lange gewünscht.

Vor Freude fiel ich dem Weihnachtsmann um den Hals, und dabei verspürte ich eine seltsame Vertrautheit. Irgendwie hatte der Weihnachtmann wohl eine Ähnlichkeit mit unserem alten Knecht Willi.

Dieselbe rauhe Stimme, seine knochigen Hände, und beim Hinausgehen fiel mir auch sein hinkender Gang auf – genau wie bei unserem Knecht.

Mit meinem Teddybär im Arm schaute ich dem Weihnachtsmann noch lange nach, wie er durch den tiefen Schnee stapfte und an der nächsten Wegbiegung im dichten Wald verschwand.

Am selben Abend kam auch unser Knecht wieder nach Hause, und ich erzählte ihm ganz aufgeregt, daß er den Besuch des Weihnachtsmanns verpaßt hätte.

Leider besuchte mich der Weihnachtsmann nie wieder – aber das war für mich in Ordnung. Schließlich muß der Weihnachtsmann ja jedes Jahr die vielen Kinder in der Stadt besuchen, und wenn er dann keine Zeit mehr hat, ganz weit draußen in das Glasbachtal zu kommen, dann muß man das wohl schon verstehen – oder?

*Heidi Haimerl*

## Arme, aber glückliche Weihnachten

Wenn die Adventszeit herannahte, sagte die Großmutter immer wieder: «Bua, wennst recht schee brav bist, na bringt da 's Christkindl scho wos. Awa woaßt, unsa Christkindl ist hoit ziemli arm, weils ausm Boarischn Woid rauskimmt, und zvui koans aa net mitnehma, weils dort sovui Schnee hot und eahm da Weg zu beschwerlich is!»

Sobald die tiefschwarze Nacht hereinbrach, stampfte die Eisenbahn wie ein schnaubendes Dampfroß aus dem Bayerischen Wald heraus und leuchtete mit glühenden Augen aus der Ferne in die Wohnstube herein. Oft kam der Zug mit Verspätung, weil im tiefen Wald sehr viel Schnee gefallen war. Es gab damals im Gegensatz zu heute noch richtige Winter, in denen der Schnee meterhoch lag.

Da tröstete mich die Großmutter oft und meinte: «Bua, du muaßt nua schee brav wartn, vielleicht kimmt 's Christkindl aa mitm Zug, der nach Straubing fahrt, ausm Woid raus!» Natürlich lurte ich in der vorweihnachtlichen Zeit ständig erwartungsvoll auf den Zug hin. Außerdem spähte ich im Häuschen meiner Großeltern umeinander – der Ausdruck Haus würde nicht passen, es handelte sich um ein kleines Sacherl –, ob ich nicht in der Adventszeit irgend etwas Weihnachtliches entdekken könnte. Aber alljährlich fand die Bescherung in der sog. Kammer statt, da die Wohnstube hierfür zu klein gewesen wäre. Und so war das Schloß der Kammertür in der Vorweihnachtszeit andauernd zugesperrt, das Schlüsselloch verhängt, um meinen neugierigen Blicken Einhalt zu gebieten. Die Weihnacht nahte. Den ganzen Tag über war ich voller innerlicher Unruhe. Meine Bäckchen glühten so rot wie die eines polierten Weihnachtssapfels.

Wie schon erwähnt, besaßen meine Großeltern ein sog. Sacherl, eine Kuh, eine Ziege und eine Sau, um uns zwölf Kinder durchhalten zu können.

Die Sau wurde extra für Weihnachten geschlachtet, damit wir wenigstens zu den Festtagen Fleisch zu essen hatten.

Sobald die Großeltern die Stallarbeit vor Einbruch der Dunkelheit beendet hatten und ehe das Christkind kam, wurde in der Wohnstube gegessen.

Am Heiligen Abend gab es nicht wie sonst den sog. Erdäpfelsterz, d. h. eine Art Kartoffelbrei, und eine Brotsuppe, sondern Leber- und Blutwürste. Eine besondere Köstlichkeit stellte die sog. Mettsuppe dar, in der Blut- und Leberwürste heiß gemacht wurden. Sprangen durch die Hitze des Kochens einige Würste in der Suppe auf und verteilten sich in dieser, so ergab dies für uns einen besonderen Leckerbissen, an dem wir uns mit eingebrocktem Brot endlich wieder einmal satt essen konnten. Noch heute verspüre ich den Duft dieser Köstlichkeit in der Nase, der das Großelternhäuschen durchströmte!

Nachdem wir mit dem Essen fertig waren, erklang endlich

das von mir lange und ungeduldig ersehnte helle, feine Glöckchen in der Kammer.

Als erster stürzte ich ungestüm in die Kammer, gefolgt vom treuen schwarzen Mischlingshund, der schon vorher während des Weihnachtsmahls sein Christkindl in Form von Wursthäuten und Knochen erhalten hatte.

Der Christbaum stand auf einem Schemel, wunderbar mit Wachskerzen erleuchtet, geschmückt mit Äpfeln, Lametta und selbstgebackenen Leckerln.

Der Baum war nicht besonders hoch, da die Räumlichkeiten im Großelternhäuschen nur eine Höhe von 1,80 Meter aufwiesen.

Kam einmal ein recht Großer zu Besuch, so mußte er sich ducken, um durch die Tür gelangen zu können. Richtete er sich dann in der Wohnstube auf, so stieß er mit dem Kopf gegen die Holzbalkendecke.

Unter dem Baum lagen meine Geschenke und die für die übrige Familie.

Sie bestanden meist aus selbstgestrickten, warmen Sachen, z. B. Socken, Hausschuhen, Unterwäsche, einem Schal, einer Mütze, Handschuhen usw. usw.

An Spielzeug gab es in der Hauptsache nur das, was von anderen Kindern abgelegt wurde, z. B. einmal eine gebrauchte Burg, die extra neu gestrichen wurde.

Einmal, so weiß ich zu berichten, bekam ich einen sogenannten Goaßbock, einen vom Schmied gefertigten Schlitten, mit einer Lehne an der Rückseite und einem Holzbrett zum Draufsitzen.

Jeder erhielt daneben zu Weihnachten einen Teller Süßigkeiten, der hauptsächlich selbstgebackene Leckerl, Nüsse, Äpfel, Birnen, Feigen und einen Riegel billiger Schokolade enthielt. Eine ganze Tafel wäre zu teuer gewesen.

Da es unterm Jahr an Süßigkeiten mangelte, fing ich natürlich in meinem Heißhunger sofort zu naschen an. Da ermahnte mich die Großmutter liebevoll: «Bua, laß dia Zeit, a jeds hot sei Tella kriagt, mehr bekommst net, mehr hot 's Christkindl net bringa kenna!»

Trotzdem erbarmte sie sich später meiner und beschenkte mich, wenn mein Teller leer war, mit dem meisten ihres Tellers.

Sekt und Wein gab es in dieser Zeit bei unserem schmalen Geldbeutel natürlich nicht. Mitunter braute die Großmutter einen Punsch aus sehr viel Tee und nur einer Spur Wein.

Wenn z. B. einmal ein gestrickter Janker unterm Christbaum lag, so wurde dieser gleich nach der Bescherung angezogen und erst wieder vor dem Zubettgehen abgelegt.

Am Weihnachtsabend blieb der Christbaum noch von mir verschont, d. h., er durfte seinen eßbaren Schmuck noch behalten.

Aber die Kammer wurde trotzdem abgesperrt, damit ich nicht in die Versuchung kam, den Baum zu plündern! An den Abenden nach Weihnachten wurden die Kerzen am Baum nur für eine kurze Zeit entzündet, und ich durfte mich am eßbaren Schmuck gütlich tun, sozusagen ein Betthupferl genießen!

Besonders freute ich mich, wenn ich die Kerzenflammen mit dem Mund ausblasen durfte. Die Kerzen brannten nie zu lange, um nicht zu rasch abzubrennen. Auch sie waren für unsere Verhältnisse teuer! Der Baum stand bis zum Heiligdreikönigsfest und wurde dann abgeleert.

Wenn man bedenkt, wie die Kinder in unserer Zeit oft beschenkt werden, so daß sie mitunter nicht mehr wissen, mit welchem Spielzeug sie spielen sollen, ich glaube, wir waren damals vielleicht glücklicher und zufriedener, wenn wir auch nur praktische Sachen und kein Spielzeug bekamen: Arme Weihnachten bedeuteten damals noch glückliche Weihnachten!

*Anita Schmitz*

# Das Paket

Diese Geschichte könnte sich überall ereignen, in jeder Stadt, in jeder Straße, in jedem Haus.

Es ist die Geschichte eines Mannes, der sein Leben gelebt hatte, für den nichts mehr interessant war, außer vielleicht seine selbstgewählte Einsamkeit, von der er jedoch zuweilen glaubte, daß sie ganz so arg nun doch nicht ausfallen müßte.

Verwandte hatte er nicht oder wollte sie nicht mehr haben, seine Frau war lange tot, und die Nachbarn, ja, was war mit den Nachbarn?

Er kümmerte sich nicht um sie, und sie kümmerten sich nicht um ihn. So war es gut, und so sollte es auch bleiben – so dachte er.

Doch es sollte alles ganz anders kommen.

Es war die Zeit kurz vor Weihnachten. Überall war schon nervöse Betriebsamkeit eingekehrt, die Menschen hasteten unruhig umher, stürmten die Läden und Kaufhäuser, bestellten beim Fleischer Puten und Gänse, die Damen gingen noch schnell zum Friseur – man wollte ja schließlich Weihnachten nach was aussehen –, die letzten Karten, Briefe und Päckchen wurden zur Post gebracht, und die Wohnungen wurden hergerichtet und herausgeputzt.

Von all dieser regen Betriebsamkeit merkte der Mann gar nichts. Er hatte nichts einzukaufen oder zu bestellen, und Briefe oder Päckchen mußte er auch nicht abgeben. Und seine Wohnung gefiel ihm auch so, wie sie war. Für wen sollte er sie auch putzen?

Den Mann interessierte das alles nicht. Weihnachten war für ihn ein Tag wie jeder andere. Im Gegenteil. Er war froh, wenn dieses ganze Getue und Gehabe vorüber war, dieser Singsang überall, Weihnachtslieder, Stille Nacht, heilige Nacht, Kling,

Glöckchen, klingelingeling, furchtbar, wozu ist das gut. Er hat nie etwas davon gehalten.

Sentimentaler Blödsinn. Womöglich noch unterm Baum singen oder Gedichte aufsagen, oh, nein, bitte nicht.

Der Mann beschloß, alles zu ignorieren und zu überhören, und lebte so weiter wie bisher, so, als gäbe es kein Weihnachten. Jedenfalls nicht für ihn. Er las seine Zeitung, rauchte seine Zigarre und machte seine täglichen Spaziergänge und Einkäufe. Alles war wie immer, alles war in Ordnung, Weihnachten gab es nicht.

Oh, wie sehr er sich doch täuschen sollte.

Nun war es soweit, der Heilige Abend war da. Und mit ihm eine Menge Schnee.

Das brachte den Tagesablauf des Mannes erheblich durcheinander. Wollte er doch eigentlich seinen gewohnten Rhythmus einhalten, und nun? Ein Blick aus dem Fenster sagte ihm, daß es unmöglich wäre für ihn, heute einkaufen zu gehen. Es wäre geradezu lebensgefährlich.

Was könnte nicht alles passieren! Er könnte hinfallen und nicht wieder aufstehen, oder ein Auto könnte ihn anfahren, Hals und Beine könnte er sich brechen. Nein, und dann vielleicht noch von anderen abhängig sein, ein Pflege- oder Heimfall werden. Nein, nein, nein, dann schon lieber zu Hause bleiben – aber da fiel ihm ein, daß er gar nichts Rechtes im Haus hatte, jedenfalls nicht so viel, daß es die Feiertage über reichte. Mein Gott, die Feiertage, er hatte nicht daran gedacht. Nichts vorbereitet, nichts eingekauft. Und nun dieser Schnee. Was nun. Sollte er vielleicht beim Nachbarn – nein, nur das nicht. Er hatte sie bislang nicht gebraucht, und er wird auch jetzt nicht damit anfangen.

Ein Klingeln unterbricht die Gedanken des Mannes. Wer könnte das sein? Es gibt niemanden, den er erwartet. Das letzte Mal ist bei ihm vor Monaten geklingelt worden. Da hatte sich jemand in der Tür geirrt.

Es klingelt wieder. Der Mann geht langsam und zögernd zur Tür. Er bleibt stehen und überlegt, doch dann öffnet er ganz langsam die Tür. Es ist niemand da. Er schaut nach unten und sieht dort ein Paket liegen. Auf der Fußmatte. Ein Paket in buntes Weihnachtspapier gewickelt.

Der Mann schaut nach rechts und links. Es ist weit und breit niemand zu sehen. Aber dieses Paket liegt auf seiner Fußmatte. Es ist also zweifellos für ihn bestimmt. Aber von wem? Wer schenkt ihm ein Paket? Und was ist da drin?

Unentschlossen steht der Mann in der geöffneten Tür. Was mach ich nur, denkt er. Laß ich das Paket einfach liegen und beachte es nicht weiter, schließe die Tür und fertig. Aber nein, das wäre wohl nicht richtig. Wenn ihm nun jemand wirklich ein Geschenk machte – nur mal angenommen –, dann wäre eine glatte Nichtbeachtung ziemlich unhöflich. Nein, so geht es nicht. Aber was dann.

Er überlegte. Vielleicht will ihm ja jemand einen Streich spielen, vielleicht fliegt dieses Paket ja auch in die Luft, wenn er es ahnungslos aufhebt. Man kennt das ja, diese Terroristen.

Langsam beugt er sich nach unten und tippt ein paarmal vorsichtig mit dem Finger an das Paket. Nichts passiert. Es rührt sich nichts, nichts fliegt in die Luft. Etwas mutiger geworden, hebt er das Paket erst von der einen, dann von der anderen Seite etwas hoch, nichts. Nun ist das Eis gebrochen. Entschlossen hebt er das Paket hoch. Er muß kräftig mit beiden Händen zupacken, so schwer ist es.

Mit aller Kraft hievt er das Paket auf den Küchentisch. Er setzt sich auf den daneben stehenden Stuhl und holt erst einmal Luft, während er dieses seltsame Paket betrachtet. Mein Gott, was soll er nur damit machen. Erst mal auspacken.

Vorsichtig beginnt er, das bunte Weihnachtspapier zu entfernen. Darunter kommt eine Schicht braunes Packpapier zum Vorschein. Nachdem er nun beides entfernt hat, liegt sie vor ihm, in voller Größe. Eine große, dicke Weihnachtsgans.

Überwältigt von diesem Anblick sinkt er auf seinen Stuhl zurück. Mein Gott, eine Weihnachtsgans, murmelt er ständig wiederholend vor sich hin, mein Gott, eine Weihnachtsgans, und so groß.

Nachdem er sich von dem ersten Schrecken erholt hatte, kam der zweite. Was soll er nur mit einer so großen Weihnachtsgans machen. Er ist schließlich allein, es würde Wochen dauern, bis er diese Gans gegessen hätte. Und dann, wie und worin soll er sie zubereiten. Einen so großen Topf besitzt er doch gar nicht. Der Mann sitzt in seiner Küche auf seinem Stuhl vor einer riesigen Weihnachtsgans, er starrt sie an und denkt, daß eine wunderbare Fügung des Schicksals ihm diese Gans beschert hat, am Heiligen Abend; die Feiertage wären also gerettet, zu essen gäbe es mehr als genug – mein Gott, was diese Gans wohl wiegen mag – und doch kann er damit nun gar nichts anfangen, geschweige denn von einem richtigen Topf, wüßte er auch nicht, wie man eine Gans zubereitet. Das hat früher immer seine Frau gemacht. Dafür war sie verantwortlich, und sie konnte kochen, und wie. Bei diesem Gedanken an vergangene Zeiten lief dem Mann das Wasser im Munde zusammen.

Etwas verzweifelt und verärgert schaute er auf diese Gans.

Verdammt, es mußte doch möglich sein.

Da kam ihm ein Gedanke. Wenn ich jetzt einfach zum Nachbarn gehe und frage, ob er vielleicht? Nein, das wäre wirklich zu dumm, wenn ich am Heiligen Abend mit meiner Gans ankomme und den Nachbarn bitte, meine Weihnachtsgans zu braten oder mir dabei zu helfen. An so einem Tag hat jeder mit sich selbst genug zu tun. Ganz unmöglich.

Der Mann sitzt auf seinem Stuhl und überlegt hin und her.

Verschiedene Möglichkeiten gehen ihm durch den Kopf. Doch keine scheint ihm annehmbar. Er spielt schon mit dem Gedanken, die Gans einfach aus dem Fenster zu werfen oder sie einem Nachbarn vor die Tür zu legen. Doch die Aussicht auf ein wunderbares Weihnachtsessen – so wie früher – läßt ihn all diese Gedanken verwerfen. Plötzlich steht er auf, geht entschlossen zur Tür hinaus und steht nun vor der Tür seines Nachbarn. Er klingelt. Erst etwas zaghaft, dann kräftiger.

Es dauert einen Moment. Dann geht die Tür auf. Vor ihm steht ein Mann ungefähr in seinem Alter, mit grauen, adrett gescheitelten Haaren, der ihn freundlich anlächelt. Nun kann der Mann sich auch an ihn erinnern. Sie sind sich oft im Treppenhaus begegnet. Doch mehr als ein «Guten Tag» ist nie daraus geworden. Doch jetzt ist die Gelegenheit. Der Mann mit den grauen Haaren fragt, was er denn für ihn tun kann.

Der Mann erzählt erst etwas zögerlich, dann bestimmter, was geschehen ist. Und es wäre doch schön, wenn vielleicht und möglicherweise wir beide zusammen, aber nur, wenn es keine Umstände macht, und wenn er Lust hätte und die Möglichkeit, da sie ja wohl beide allein sind usw. usw.

Der Mann mit den grauen Haaren lächelt und erzählt, er habe ihm die Gans vor die Tür gelegt, und weiter, eigentlich wollte er seine Kinder besuchen, deshalb habe er diese Gans gekauft, sie seien eine große Familie, doch seine Kinder haben ganz plötzlich abgesagt, und was soll er mit einer so großen Gans allein, und er dachte, der Mann hätte vielleicht mehr Verwendung dafür.

Nein, sagt der Mann, das habe er nicht, da müßten sie schon gemeinsam.

Nun geht alles sehr schnell.

Gemeinsam tragen sie die Gans in die andere Wohnung, Töpfe und Zutaten werden zusammengesucht, und am Abend steht ein festliches Menü auf dem Tisch.

Sie essen, trinken und reden bis in die Nacht hinein, der Mann lobt immer wieder die Kochkünste des anderen Mannes, sie erzählen von früher, jeder hat viel zu erzählen, und jeder denkt, warum sie das nicht schon eher gemacht haben, und jeder weiß, es ist noch nicht zu spät, und aus dem Radio klingt Stille Nacht, heilige Nacht, und der Mann sagt zu dem anderen, wir werden Tage brauchen für die Gans, und der andere Mann, na und, wir haben ja auch viele Tage Zeit, oder nicht?

*Elfi Marten-Brockmann*

## Weihnachten in einem Schulhaus

Eines Tages Mitte November duftet es im ganzen Schulhaus nach Zitronen- und Orangenschale, nach Sirup und Honig, Mandeln und Nüssen, nach Zimt und Nelken und anderen schönen Gewürzen. Jetzt wissen alle, daß bald die Advents- und Weihnachtszeit beginnt. Die Kinder laufen herbei, knien auf der Küchenbank und schauen zu, wie Mutter und Jette den Teig für die leckeren, hauchdünnen Weihnachtsplätzchen, die «braunen Kuchen», bereiten. Unmengen Mehl werden mit Zucker, Honig, Fett und Eiern, mit gehackten Nüssen und vielen duftenden Gewürzen vermengt und so lange zusammengeknetet, bis ein riesiger Teigkloß in der Mitte des Tisches liegt. Mutter nimmt eine Probe und läßt auch Jette und die Kinder kosten. «Hm, das schmeckt aber gut», meint Niko, und die anderen nicken. Jette meint anerkennend: «In diesem Jahr ist der Teig besonders gut gelungen.» Mutter probiert noch einmal, dann schüttelt sie den Kopf und entscheidet: «Es muß unbedingt noch Kardamom dazu.» Sie zerschneidet den braunen Kloß in vier Teile und bestreut diese rundum mit Kardamompulver. Lexi und Kati dürfen jetzt mithelfen, je ein Viertel zu bearbeiten. Niko guckt interessiert zu und gibt kluge Ratschläge. Der Küchentisch zittert unter der Kraft der acht Hände, die den Teig durchwalken. Zuletzt sind alle ein bißchen erschöpft von der Anstrengung, und Mutter muß sich einen Augenblick auf einem Stuhl ausruhen. Jette fügt die Viertel wieder zusammen und knetet noch einmal die ganze Teigmasse durch. Dann legt sie den duftenden Kloß in einen großen braunen Steintopf. Verschlossen mit einem Teller, wird er dort, wo es am kältesten ist, unter die Kellertreppe gestellt. «Hier muß der Teig während der nächsten Wochen reifen», sagt Mutter, «je ruhiger und kälter er schläft, desto besser schmecken später die Plätzchen. «Warum ist das so?» fragt Kati. «Wenn Jette am Wochenende den Puffer backt, läßt sie den Teig nie lange ruhen, bevor er in den Ofen kommt.» – «Ja, das ist halt ein Geheimnis», antwortet Mutter, «ich glaube, das hängt mit der Weihnachtszeit zusammen, in der so vieles geheimnisvoll ist.»

Kurz vorm 1. Advent wird der Kuchenkloß aus dem Topf geholt und zu Plätzchen verarbeitet. Portionsweise rollt Jette den Teig zu hauchdünnen Flächen, und die Kinder, auch Berta, dürfen beim Ausstechen helfen. Mutter steht vorm Herd, schieb die Kuchenbleche mit den Plätzchen in den heißen Backofen und paßt auf, daß sie nicht zu braun werden. Nikos Aufgabe ist es, die fertigen Kuchen vorsichtig vom Blech zu nehmen und zum Auskühlen auf ein großes Tablett zu setzen. Das ist eine verantwortungsvolle Aufgabe, die Schnelligkeit und Geschick verlangt, denn die dünnen Plätzchen gehen gar zu leicht kaputt. Natürlich darf auch ein bißchen genascht werden. Das tut Berta besonders gern, immer geht sie am Ende eines weihnachtlichen Backtages mit Bauchschmerzen nach Hause. Aber sie macht sich nichts daraus. «Das muß so sein, das gehört auch zu Weihnachten.»

Am nächsten Nachmittag geht die Plätzchenbäckerei weiter. Nach den Fettnüssen und den Luisenkuchen kommen die Pfeffernüsse an die Reihe. Da dürfen wieder alle mithelfen. Mutter verteilt Schürzen und teilt jedem Kind eine Tischseite als Arbeitsfläche zu. Aus dem hellen, mit Anis gewürzten Teigberg werden lange, dünne Würste geformt, die mit einem

Messer in viele, ungefähr zwei Zentimeter große Stücke geschnitten und dann im Backofen mehr getrocknet als gebacken werden. Ausgekühlt sind die Pfeffernüsse so hart, daß man sie nur mühsam zerbeißen kann. «Das ist nur gut so», meint Jette, «sonst würden sie viel zu schnell aufgegessen, schließlich sind sie unser Zahlungsmittel für die Spiele während der Weihnachtszeit. Die Pfeffernüsse müssen lange reichen.» Am Abend stehen zwei volle, fast ein Meter hohe runde Blechdosen oben auf dem Küchenschrank.

Bald naht der Nikolaustag. Jeden Nachmittag sitzen die Kinder mit hochroten Köpfen im Wohnzimmer und basteln Geschenke für die Eltern, für Jette und die Großeltern. Es gibt so schrecklich viel zu tun, sie wissen gar nicht, womit sie zuerst anfangen sollen, alles soll doch rechtzeitig fertig werden. Und dann – das ist am wichtigsten – muß noch der Wunschbrief geschrieben werden. Am Abend vorm Nikolaustag dürfen die Kinder einen Schuh mit diesem Brief ins Fenster stellen, der Nikolaus wird ihn über Nacht herausnehmen und hoffentlich statt dessen eine Überraschung in den Schuh legen. Lexi hat mal wieder ein wunderschönes Gedicht gemacht und mit vielen Zeichnungen versehen:

«Wer kommt denn da an unser Haus?
Es ist der alte Nikolaus!
Ich grüße Dich, Du guter Mann
und drücke Dich, so doll ich kann.
Was ich zur Weihnacht wünsche mir?
Es sind nur Bücher, etwa vier.
Vielleicht auch zwei nur oder drei.
Wenn nur Geschichten sind dabei.

Kati wünscht sich zu Weihnachten eine Puppe, und damit man weiß, wie die Puppe aussehen soll, hat sie ein Bild gemalt. Darunter steht: «Lieber Weihnachtsmann, bitte, bring mir eine Puppe mit Schlafaugen und langen Haaren, möglichst blond. Herzliche Grüße von Deiner Freundin Kati.» Niko gibt sich keine große Mühe. Er hat in diesem Jahr so viele Wünsche, daß der Briefbogen kaum ausreicht. «Ich hätte gerne eine Eisenbahn, lieber Weihnachtsmann, oder einen Kaufmannsladen oder ein Kasperletheater oder ein Polizeiauto oder eine Wasserpistole.» In die untere Ecke des Bogens hat er ein großes Ausrufungszeichen gemalt, mit Rotstift geschrieben steht da: «Du kannst mir auch gerne alles bringen, lieber Weihnachtsmann.» Kati findet seine Wünsche ziemlich unverschämt, aber das stört Niko nicht, er hat ganz andere Sorgen. «Ob der Weihnachtsmann weiß, wie viele Tage es noch bis Heiligabend sind? Er ist doch schon sehr alt und kann vielleicht nicht mehr richtig zählen? Ich werde ihm ein bißchen helfen, Kati!» Damit läuft er in die Küche und erbittet sich von Mutti eine lange Kerze. Mit einer Nadel beginnt er kleine Ringe hineinzukerben, so viele, wie es noch Tage bis Heiligabend sind. Über jeden Ring ritzt er außerdem eine Zahl, das Datum des jeweiligen Tages. Zum Schluß füllt er die Rillen mit Farbe. Ganz unten in das letzte Stückchen Kerze ritzt er einen Tannenbaum, das bedeutet Weihnachtsabend. Der Kerzenkalender sieht wirklich wunderschön aus, Niko ist zu Recht stolz auf sein Werk. Vorm Nikolaustag wird er die Kerze ins Fenster stellen, und dann will er jeden Abend einen Ring herunterbrennen, so lange, bis Heiligabend ist. Wenn der Weihnachtsmann nachts am Fenster vorübergeht, kann er an der Kerze sehen, wieviel Zeit noch bleibt. Kati findet Nikos Ein fall große Klasse. «Bestimmt legt er dir etwas Schönes in den Schuh», meint sie, «und mir auch, weil ich deine Zwillingsschwester bin.»

Um diese Zeit beginnt es allüberall zu weihnachten. In der Schule lernen die Kinder Gedichte und Lieder und üben für ein Krippenspiel, das am ersten Weihnachtstag in der Kirche aufgeführt werden soll. Im Handarbeitsunterricht arbeiten die Mädchen Weihnachtsgeschenke: Taschentücher mit feinem Häkelrand, Eierwärmer, Topflappen, Schals und Mützen, manchmal sogar Handschuhe und Strümpfe. Die Jungs stellen Geschenke aus Holz her: Buchstützen, Kästen und Lampenfüße. Am schönsten aber weihnachtet es beim Kaufmann und Gastwirt im Dorf, denn dort gibt es jetzt die große Weihnachtsausstellung. Im Saal sind die Tische an die Wand gerückt, damit man rundum alles bewundern kann, was ausgebreitet oder aufgestellt wurde. Wie viele Herrlichkeiten es doch gibt! Man weiß nicht, was man zuerst anschauen soll, den Tisch mit den Spielsachen, den Büchern und Baukästen oder die Regale mit den Puppen, die aufrecht im Pappkarton stehen bzw. in Wiegen und Puppenbetten liegen. Kleine Herde mit winzigen Töpfen sind aufgebaut, Puppenstuben und Kaufmannsläden mit allem, was dazugehört. Natürlich gibt es auch Tische mit Angeboten für Erwachsene: Kleider, Schuhe, Sammeltassen, Blumentöpfe, Parfüm und Seife, Tabakdosen, Pfeifen, Taschenmesser und vieles mehr. Der Saal ist nicht geheizt, aber was macht das schon. Jedem, der kommt, um sich die Ausstellung anzugucken, wird warm vor Spannung und Aufregung, wenn er an den Tischen entlanggeht und diese Wunderwelt bestaunt.

Kati ist eines Nachmittags mit Jette zum Einkaufen ins Dorf gegangen. Natürlich schauen sie auch in den Saal. «Jette, glaubst du, daß mein Geld reicht?» fragt Kati und schüttet ein paar Groschen aus dem Handschuhe, auf den Tisch. «Ich weiß, daß Vati sich ganz doll ein Taschenmesser wünscht, und ich möchte ihm zu und zu gerne eines zu Weihnachten schenken. Ich habe so lange gespart.» Geld ist für Kati ein Rätsel. Sie weiß nie, wie es zu Hause darum bestellt ist. Reich sind die Eltern sicher nicht, denn manchmal sitzt Mutter über ihrem Wirtschaftsbuch, brütet und stöhnt. Dann lacht Vater und sagt: «Annemie, schreib doch einfach das Soll auf Haben.» Heute kommt Kati sich fast vermögend vor, immer wieder zählt sie die Groschen. Aber wird es für ein Taschenmesser reichen? Jette verhandelt mit dem Verkäufer, und wirklich, Kati bekommt das Messer, schön verpackt in Geschenkpapier mit goldenen Sternen und grünen Tannenzweigen. Sie ist selig und möchte gleich nach Hause, um Mutter ihren Einkauf zu zeigen. Die Puppe mit den Schlafaugen im rosa Pappkarton will sie sich ein anderes Mal genauer anschauen. Den ganzen Nachmittag trägt sie das Päckchen in der Schürzentasche mit sich herum, sie möchte es am liebsten allen zeigen. Beim Abendessen redet sie wie ein Wasserfall, keiner kann sie bremsen, und plötzlich platzt es aus ihr heraus: «Vati, weißt du, daß ich dir zu Weihnachten ein Taschenmesser schenke?!» Allen stockt der Atem, auch Kati, die mit Schrecken merkt, daß sie wieder einmal ein Geheimnis verraten hat. Ihr kommen die Tränen, aber Vati tut, als habe er nicht zugehört. Mit ernstem Gesicht fragt er: «Was hast du gesagt, meine Kleine, entschuldige, ich habe eben nicht zugehört. War es wichtig?» – «Nein, nein», betont Kati schnell. Da hab ich nochmal Glück gehabt, denkt sie und hält für die nächsten zehn Minuten ganz fest den Mund.

Je näher Weihnachten kommt, desto geheimnisvoller geht es im Schulhaus zu. Von einer Einkaufsreise in die Kreisstadt kehren die Eltern mit Paketen beladen zurück. Aber diese Pakete werden nicht ausgepackt, sie verschwinden vielmehr auf dem Boden im großen Eichenschrank, zu dem nur Mutter den Schlüssel hat. Niko versucht, mit Hilfe einer Taschenlampe durchs Schlüsselloch zu gucken, aber sehen kann er nichts. Lexis große Puppe Martha ist eines Tages verschwunden, nur ein Zettel liegt in der Wiege, auf dem in Schreibmaschinenschrift geschrieben steht: «Bin beim Weihnachtsmann!» Wenig später verschwinden auch Teddy und Puppe Pieps sang- und klanglos. Die Spannung wächst. Vor jedem Adventssonntag dürfen die Kinder ihre Hausschuhe ins Fenster stellen, in der letzten Woche vor Weihnachten sogar jeden Abend. Was für eine Freude, wenn sie morgens einen Lebkuchenengel, ein Schokoladenherz oder eine Apfelsine im Schuh finden. Alle drei bemühen sich, in dieser Zeit besonders nett zu sein. Wenn Lexi und Kati mittags Jette beim Geschirrabwaschen helfen, singen sie zweistimmig Weihnachtslieder, sie kennen alle Strophen auswendig. Gelegentlich dichtet Lexi sogar noch einige hinzu. Eines Tages ist das Vorderzimmer verschlossen, nur die Eltern und Jette können hinein. «Was machen sie da bloß», überlegt Kati, «treffen sie sich vielleicht mit dem Weihnachtsmann?» Die Erwartung ist kaum noch zu ertragen. Morgens ist der Himmel im Osten ganz rot. «Wie kommt das?» fragt Niko, und Jette antwortet geheimnisvoll: «Das sind die Engel, die backen Kuchen und Brot!» Niko schaut sie etwas ungläubig an. Endlich naht der 24. Dezember. Die Kinder, die seit zwei Tagen Schulferien haben, helfen Mutter und Jette tüchtig bei der Hausarbeit. Einer ist eifriger als der andere, jeder denkt: «Es könnte ja sein, daß auch der Weihnachtsmann sieht, wie fleißig ich bin, und mich besonders liebevoll und reichlich belohnt.» Je näher der Heiligabend kommt, um so mehr riecht es im ganzen Haus nach guten Dingen. In der Küche ist es heiß, Rouladen und Frikadellen werden gebraten, Fleischklößchen gedreht, «Frische Suppe» gekocht. Mutter hat rote Wangen und huscht eilig zwischen Speisekammer und Küche hin und her. Jette und die Mädchen putzen Suppengemüse, schälen Mandeln und hacken Nüsse. «Ach, wenn die Zeit nur schneller laufen würde», stöhnt Kati. Jette streicht ihr übers Haar. «Auch die Ungeduld gehört zu Weihnachten, Kind, das war schon so in meiner Jugendzeit.» Wie gut, daß selbst die längste Warterei einmal ein Ende hat. Endlich, endlich ist er da, der heißersehnte 24. Dezember! Niko und Kati sind als erste wach und schleichen auf leisen Sohlen in die Küche, um den Frühstückstisch zu decken. Kati stellt Kerzen auf den Tisch, und Niko legt vor jeden Teller einen Tannenzweig. Pussi und Miesemau erhalten zur Feier des Tages ein rotes Schleifenband um den Hals gebunden. Als die Eltern kommen, zündet Niko die Kerzen an. «Das habt ihr aber schön gemacht, Kinder», sagt Vater, «frohe Weihnachten!»

Nach dem Mittagessen verabschiedet sich Jette mit Päckchen und Paketen beladen von der Familie. Sie wird die Weihnachtstage bei ihren alten Eltern verbringen. Lexi, Niko und Kati bringen sie bis zum Teich am Pastorat und winken ihr nach, bis sie um die Ecke verschwunden ist. Schnell geht es nach Hause zurück, sie müssen die Festtagskleider anziehen und sich für den Weihnachtsgottesdienst fertig machen. Geschniegelt und gebügelt hocken sie schließlich auf der Fensterbank in der Küche und beobachten, wie immer mehr Familien aus dem Dorf sich vor der Kirche versammeln. Das ist ein Grüßen und Begrüßen. Alle Menschen, groß und klein, sind froh gestimmt und voller Erwartung. Es ist 17 Uhr, die Glokken läuten, und schon kommen die Eltern, um mit den Kindern in die Kirche zu gehen. Niko würde viel lieber zu Hause bleiben und aus einem sicheren Versteck beobachten, wie der Weihnachtsmann ins Haus kommt. Wie kann er überhaupt ohne Schlüssel hineingehen, und wer hilft ihm, die Geschenke zu tragen? Zu dumm, daß Niko das auch in diesem Jahr nicht erfahren wird! Wenig später sitzt er ganz friedlich zwischen Lexi und Kati in der ersten Kirchenbank und bestaunt den mit unzähligen Kerzen geschmückten großen Tannenbaum und die beleuchtete Krippe vorm Altar. So viele Menschen wie heute sind nicht immer in der Kirche, alle sehen so festlich gekleidet und freundlich aus. Und wie schön und laut sie die Weihnachtslieder singen! Gut, daß Pastor Schulz heute abend keine lange Predigt hält, wahrscheinlich möchte auch er schnell nach Hause, überlegt Niko und rutscht etwas ungeduldig auf seinem Platz hin und her. «O du fröhliche, o du selige, gnadenbringende Weihnachtszeit» erklingt als letztes Lied, nachdem der Pastor den Segen gesprochen hat. Während Vater die Orgel in vollem Klang ertönen läßt, verläßt die Gemeinde den Kirchenraum, die Kinder laufen voraus. Man wünscht sich allerseits ein gesegnetes Weihnachtsfest und macht sich auf den Heimweg. Lexi und die Zwillinge müssen im Wohnzimmer warten, derweil die Eltern ins Weihnachtszimmer gehen. Die Kinder sind trotz aller Spannung mucksmäuschenstill und lauschen auf die Geräusche aus dem Zimmer nebenan. Man hört ein unbestimmtes Rascheln und Flüstern, verstehen kann man nichts. Ob der Weihnachtsmann da drinnen ist? Kati hat Bauchweh und Herzklopfen, Niko tritt vor Ungeduld von einem Fuß auf den anderen. Nur Lexi ist die Ruhe selbst. Endlich erscheint Mutter. «So, meine Lieben, es ist soweit», sagt sie beruhigend, «laßt uns singen», und sie beginnt: «Alle Jahre wieder kommt das Christuskind auf die Erde nieder, wo wir Menschen sind.» Lexi und die Zwillinge singen mit. Nach der zweiten Strophe ertönt ein zartes Glokkenläuten, die Tür öffnet sich weit, und sie dürfen hineingehen ins Weihnachtszimmer, das von den vielen Kerzen am Baum hell erleuchtet und voller wunderbarer Düfte ist. Die Kinder stehen wie erstarrt und staunen. «Wie schön!» hört man Lexi leise sagen, während Niko und Kati neugierig nach dem Weihnachtsmann Ausschau halten. «Er ist schon wieder nicht mehr da», flüstert Niko seiner Schwester zu. «Genau wie im letzten Jahr!»

Vater setzt sich ans Harmonium, und alle fünf singen: «O Tannenbaum, o Tannenbaum, wie grün sind deine Blätter.» Die Kinder schauen immerzu auf den strahlenden Lichterbaum und auch ein bißchen auf die Pakete, die um ihn herum auf dem Boden liegen. Zu gerne würden sie die jetzt öffnen, aber zuerst müssen sie ihre Weihnachtsverse aufsagen. Lexi spricht ihr Gedicht mit wunderschöner Betonung und ohne zu stocken. Niko rast seines herunter, als würde er von einem Hund gehetzt. Dann ist Kati an der Reihe. Sie möchte ihr Gedicht, das sie schon vor Wochen gelernt hat, so schön aufsagen wie Lexi und fängt auch richtig an: «Von draußen vom Walde da komm ich her, ich kann euch sagen, es weihnachtet sehr! Allüberall auf den Tannenspitzen sah ich goldene Lichter blitzen», doch als sie zu der Zeile kommt «Knecht Ruprecht, sprach ich, alter Gesell, hebe die Beine und spute dich schnell», gerät ihr der Text durcheinander. Man hört sie sagen: «Knecht Ruprecht, sprach ich, alter Kasell, hebe die Beine und spuke ganz schnell!» Das ist die Schuld von Niko, der ihr in den letzten Tagen immer wieder diesen albernen Text vorgesprochen hat. Die Tränen kommen ihr vor Wut. Mutter tröstet sie und nimmt sie in den Arm. «Das ist nicht schlimm, Kati.» Gleichzeitig droht sie Niko lachend mit dem Finger. «Ich wünsche euch fröhliche Weihnachten», sagt Vater. «Fröhliche Weihnachten», antworten die anderen und umarmen sich.

Sie setzen sich auf Stühle um den Tannenbaum herum, und dann beginnt die Bescherung. Vater nimmt eines der Pakete hoch und schaut, wessen Name darauf steht, dann darf der Beschenkte es öffnen, während die anderen zuschauen. Das nächste Paket kommt an die Reihe, das übernächste und so weiter, das ist spannend. Es gibt so viele Überraschungen, so viele Freuden! Teddy und die Puppen in neuen Kleidern kommen zum Vorschein, Blockflöten für Niko und Kati, eine Mandoline und Bücher für Lexi. Briefpapier und neue Spiele, Pullover und Röcke für die Mädchen, Stiefel für Niko. Auch die Eltern finden Geschenke unterm Tannenbaum: Topflappen für Mutter, Bilder und ein Taschenmesser für Vater. «Genau so eines habe ich mir immer gewünscht», sagt er, und Kati lächelt glücklich. «Und du hast nicht geahnt, daß du es bekommst, nicht wahr, Vati?» – «Nein, natürlich nicht!»

Für jeden gibt es einen bunten Teller, gefüllt mit Nüssen, Keksen, Marzipan und Schokolade. Niko stopft sich sofort einige Süßigkeiten in den Mund. Da nimmt Mutter ihm den Teller weg. «Halt stop, kleiner Mann, erst wird zu Abend gegessen!»

Lexi hat inzwischen den Tisch gedeckt, und wenig später sitzen sie alle in trauter Runde zusammen. Großen Appetit haben die Kinder nicht, auch wenn es leckeren geräucherten Aal gibt, den Großvater Heinrich jedes Jahr zu Weihnachten ins Haus schicken läßt. Kaum ist das Essen beendet und das Geschirr abgetragen, laufen die Kinder zu ihren Geschenken, die inzwischen an verschiedenen Plätzen im Zimmer aufgebaut sind. Niko spielt mit Teddy, Lexi zeigt ihrer kleinen Schwester die ersten Fingergriffe auf der Blockflöte, um sich dann mit einem Buch in eine Zimmerecke zu verziehen. Im hohen Kachelofen brennt ein helles Feuer, und oben in der Röhre brutzeln Äpfel, es ist warm und heimelig im Weihnachtszimmer. Vater und Mutter trinken Glühwein, lesen oder schauen den Kindern zu. Sie sind glücklich und zufrieden und voller Dankbarkeit. Später setzt Vater sich noch einmal ans Harmonium und spielt Weihnachtslieder. Heute dürfen Lexi und die Zwillinge lange aufbleiben, das genießen sie. Als es gegen 10 Uhr in die Betten geht, läuft Kati zurück, die Treppe hinunter, öffnet die Haustür und ruft in die Dunkelheit: «Vielen Dank, lieber Weihnachtsmann!» Sehr bald schlafen die drei – Teddy oder eine Puppe im Arm – selig ein.

*Angelika Grewe*

## Ein Weckmann ohne Kopf

«Oma, Oma, schau, was ich habe.» Mit schnellen Schritten läuft Simon auf Berta zu und streckt ihr den rechten Arm entgegen. «Das ist ein Weckmann», verkündet er, «den kann man essen.» Berta nimmt das Hefegebäck entgegen, das allerdings keinen Kopf mehr hat und deshalb etwas unförmig aussieht. «Schmeckt gut», sagt Simon und klettert auf den Schoß seiner Urgroßmutter. Berta genießt die täglichen Besuche des Kleinen und hat schon ein Bilderbuch zum Vorlesen zurechtgelegt. Beim Anblick des kopflosen Weckmanns werden plötzlich längst vergangene Tage lebendig.

Es mußte vor über achtzig Jahren gewesen sein, der 1. Weltkrieg lag noch nicht weit zurück. Das Leben im Bergischen Land war hart und entbehrungsreich. Weihnachten nahte, und Berta und ihre Geschwister waren ungeduldig und aufgeregt, obwohl sie wußten, daß die meisten ihrer Wünsche wohl nicht in Erfüllung gehen würden. Am Nikolausabend stellten sie ihre Pappteller auf. Würden sie morgen Äpfel, Nüsse und getrocknete Pflaumen finden? Das Einschlafen wollte nicht gelingen, und Berta und Elisabeth, die sich ein Bett teilten, wälzten sich noch lange hin und her. Doch vor Morgengrauen waren sie schon wieder wach und hörten Geräusche in der Küche. Mutter schürte sicher schon das Feuer. Berta und Elisabeth schlichen in die Wohnstube und sahen, daß auch die drei Brüder gerade aus ihrem Schlafzimmer kamen. Vater saß schon am Tisch, in dessen Mitte eine Kerze brannte. In ihrem Schein erkannte Berta die gefüllten Teller und – jeder hatte einen Weckmann. Wie konnte das geschehen? Behutsam nahm Berta ihren Weckmann in die Hände, drückte vorsichtig seinen weichen Leib und schaute in die Runde. Auch die anderen blickten ungläubig. Doch was war mit Willis Weckmann? Der hatte ja keinen Kopf. Auf Bertas Frage antwortete die Mutter nur knapp: «Willi weiß schon warum.» Erst Jahre später erfuhr Berta, wie viele Nonnentrachten Mutter genäht hatte, und nur durch ihre Verbindung zum Kloster war es möglich gewesen, fünf Weckmänner zu organisieren. Am Tag vor Nikolaus wickelte Mutter sie in ein Leinentuch. Willi, der ewig Neugierige, hatte Futterdienst an diesem Tag. War es Zufall, daß er so tief ins Heu stach und den Leinensack fand? Er konnte nicht an sich halten und mußte probieren. Doch Mutter kannte ihre Kinder genau und legte den kopflosen Weckmann an Willis Platz.

Simon lauscht der Geschichte sehr aufmerksam. Er liebt es, wenn Uroma von früher erzählt. «Aber ein Weckmann hat auch einen Bauch und zwei Beine, eins für dich und eins für mich.» Er reißt seinem Weckmann schnell ein Bein ab und reicht es Berta, und beide genießen das frische Gebäck.

*Regina Winkler*

## Die Überraschung

Heiligabend und die Feiertage allein, daran durfte sie gar nicht denken! Ob es ihm genauso ging? Ihm, das war Erik, der Freund, der noch immer von ihr Geliebte. Was für ein dummer, sinnloser Streit mit anschließender Trennung und das so kurz vor Weihnachten. Das heißt, damals war ja November, und selbst wenn es später gewesen wäre, hätten sie wohl, beide hineingesteigert in Ärger und Wut, nicht so weit gedacht und sich bestimmt nicht vom Kalender beeinflussen lassen. Es gelang ihr im nachhinein gar nicht mehr, die «Schuldfrage» restlos zu klären. Das war wohl auch gar nicht mehr so wichtig, nicht so wichtig jedenfalls wie die Auswirkungen, die es hatte, die überstürzte Trennung, Eriks Auszug aus ihrer Wohnung, zurück in die Wohngemeinschaft bei seinem Freund, der sowieso nicht gern allein wohnte und sich vielleicht über das Ende der Beziehung freute. Das Ende? Nein, das durfte einfach nicht sein. War nicht Weihnachten die Zeit des Friedens, der menschlichen Wärme und somit bestimmt auch der Versöhnung? Aber wie? Erik hatte einen Dickkopf, es würde also wohl von ihr ausgehen müssen. Was konnte sie tun, ohne zu sehr das Gesicht zu verlieren? Das war gar nicht so einfach, wußte sie doch nicht, ob er sie überhaupt noch wollte. Vielleicht hatte er schon jemand anderes gefunden, es lagen immerhin fast fünf Wochen dazwischen.

Erst einmal gründlich nachdenken, vielleicht kam ihr eine Idee.

Zunächst klingelte es erst einmal an der Wohnungstür. Das Herz machte ein paar raschere Schläge, es war aber nur der Postbote mit einem Weihnachtspäckchen von ihren Eltern, die natürlich von der Trennung keine Ahnung hatten und sie beide (!) zum gemeinsamen Silvester und Jahresbeginn erwarteten. Zusätzliche Schwierigkeiten, aber damit wollte sie sich jetzt nicht befassen. Immerhin brachte sie das Päckchen auf einen Gedanken. Ein Weihnachtsgeschenk, das irgendwie den Wunsch nach Versöhnung zum Ausdruck brachte, das wäre gut. Die Post wäre der Übermittler, sie brauchte nicht selbst zu klingeln und vielleicht dem anderen Bewohner gegenüberzustehen. Die Vorstellung, in seinem Beisein abgewiesen zu werden, war besonders entmutigend. Nun mußte ihr bloß noch etwas einfallen, was deutlich genug ihre Sprache sprach, ohne sie restlos preiszugeben. So schnell fiel ihr aber nichts ein. Sie zog also rasch den dunkelblauen Mantel an, den Erik an ihr liebte, es könnte ja immerhin der berühmte Zufall eine Rolle spielen, und er sah sie, wie sie sich jetzt ins vorweihnachtliche Einkaufsgewühl stürzte. Es war einer der langen Sonnabende, und alle Geschäfte waren geöffnet, und dann gab es außerdem noch den Weihnachtsmarkt. Da mußte ihr doch unterwegs irgendetwas begegnen oder auffallen, was sie als besonders aussagefähiges Geschenk kaufen könnte.

Draußen empfing sie trockene Kälte. Schnee lag nicht. Die Stadt war weihnachtlich geschmückt und viele Waren festlich aufgemacht, um zum Kauf zu verlocken. Und die Leute ließen sich zumeist verlocken, zu viele kamen ohne eine ganz bestimmte Vorstellung zum Erwerb weihnachtlicher Gaben in die Geschäftsviertel und Warenhäuser, und auf dem Weihnachtsmarkt wollte man sowieso vor allen Dingen schauen und nach Laune kaufen. Sie ließ sich treiben und mitreißen und wieder treiben.

Seitlich von ihr rief jemand «Anne», und sie wandte sich rasch um und erkannte eine ehemalige Kollegin, die sie lange nicht gesehen hatte. Sie schwatzten ein bißchen. Dabei erwähnte die Bekannte, daß sie sich sehr auf eine Ballettaufführung im Opernhaus freue, für die sie gerade Karten erstanden hätte. Anne hörte danach nicht mehr richtig zu, denn das war vielleicht die Idee, die man ihr da gerade per Zufall geliefert hatte. Theaterkarten für einen der beiden Festtage, und im Foyer des Theaters sahen sie sich dann wieder. Kein Ort für große Gefühlsausbrüche, das erschien ihr gut. Da hatte sie ein bißchen Zeit herauszufinden, was er dachte, was er über sich und sie dachte, wenn er denn käme! Das allerdings warf die nächste Frage auf. Schickte sie ihm als Überraschung mit einer Weihnachtskarte zwei Opernkarten oder eine und behielt die andere selbst, ging hin und wartete darauf, was dann passierte? Das allerdings wäre sehr aufregend, sie bekam schon kalte Hände, wenn sie nur daran dachte. Sie würde das noch entscheiden müssen.

Jetzt erst einmal hin zum Opernhaus und sehen, ob es für die Feiertage überhaupt noch Karten gab. Sicher gab es viele Leute, die sich an den Feiertagen durch einen Theaterbesuch einen festlichen Höhepunkt schaffen wollten. Gedacht, getan. Sie befand sich ja in der Innenstadt und somit nicht weit von der Oper entfernt, etwa eine Viertelstunde zu Fuß, wenn man sich nicht zu sehr von den Schaufenstern ablenken ließ. Sie beeilte sich. Die Kasse war geöffnet. Für den zweiten Feiertag waren alle Karten ausverkauft, für den ersten gab es noch einige, allerdings für die besten Plätze und sündhaft teuer, auch für ein Weihnachtsgeschenk zu teuer, nicht zu teuer aber für ihr Glück oder zumindest für den Versuch, es wiederzuerlangen. Sie zahlte und ging. Nun erst mal nach Hause, und da wollte sie ihr weiteres Vorgehen überdenken und sich entscheiden.

Sie nahm sich Zeit für den Rückweg, wollte sie sich doch

auch manches anschauen, vor allen Dingen konnte sie jedoch so die Entscheidung noch ein bißchen hinausschieben. Sie sah sich auch Weihnachtsbäume an, die kleineren, denn mit einem großen Baum kam sie allein nicht so zurecht. Leider gab es bei den kleineren Bäumen nur Fichten mit sehr stachligen Nadeln, und sie liebte doch die Nordlandtannen so, deren vergleichsweise weiche Zweige man richtig gern anfaßte. So ging sie also ohne Baum nach Hause, vielleicht klappte es ja am Montag, und wenn sie ganz ehrlich zu sich selbst war, so richtig Lust hatte sie gar nicht, einen Weihnachtsbaum nur für sich selbst zu schmükken. Zu Hause angekommen, hatte sie keine richtige Ruhe zu irgendwelchen Beschäftigungen, die Entscheidung mußte erst getroffen und die Durchführung eingeleitet sein. Sie suchte also eine besonders schöne Weihnachtskarte heraus, setzte unter die bereits eingedruckten Wünsche nur ihren Vornamen und legte nach einigem Zögern beide Opernkarten in den Umschlag. Am Montag würde sie ihn in den Kasten stecken.

Anne hatte ein paar Tage Urlaub und brauchte eigentlich nicht mehr ins Büro, wollte aber am Montag in den Vormittagsstunden noch einmal hingehen, um Frau Reber ein kleines Weihnachtsgeschenk zu bringen, das sie am letzten Arbeitstag früh vergessen hatte mitzunehmen. Zu Weihnachten wollte Anne immer möglichst vielen Menschen eine Kleinigkeit schenken. Das war einfach ein Wunsch, der mit der Stimmung dieser Tage zusammenhing und sicher seine Wurzeln in der Kindheit hatte. Sie grübelte darüber nicht lange nach, ihr fielen immer wieder ein paar Freunde oder Bekannte ein, die sich freuen würden. Frau Reber arbeitete mit ihr im gleichen Raum und war seit zwei Jahren alleinstehend. Anne tat das besonders in der Weihnachtszeit leid, und der Teil von ihr, der Kind geblieben war, konnte es sich nicht vorstellen, zum Fest nicht die kleinste Überraschung zu erhalten. Und damit war die Idee für ein kleines Geschenk geboren, auch im Vorjahr hatte sich Frau Reber wirklich gefreut.

Der Montag war angebrochen, nur noch zwei Tage bis Heiligabend. Anne war auf dem Weg vom Büro nach Hause. Der Brief war früh mit der ersten Post weg und würde morgen auf alle Fälle bei Erik sein. Nun konnte sie nur noch abwarten. Sie war guter Stimmung. Frau Rebers Freude und das herzliche Gespräch mit ihr hatten ihr gutgetan. Ein bißchen stellte sich Weihnachtsstimmung ein, trotz allem. Die Luft war kalt, und es war trocken, aber es roch ein bißchen nach Schnee.

Sie ging durch die ruhige, fast menschenleere Straße. Hier gab es nur kleine Reihenhäuser, keine Geschäfte. An vielen Fenstern war irgendein weihnachtlicher Schmuck angebracht. Im Vorbeigehen schaute sie sich das an. Es war wie ein Lächeln in ihr. Und da kam ja auch der Weihnachtsmann! Tatsächlich bog er in diesem Augenblick aus einem Seitenweg in diese Straße ein, so wie er überall dargestellt wurde, mit rotem, pelzbesetzten Kapuzenmantel und weißem Rauschebart. Ein bestellter Weihnachtsmann für irgendeine Feier, sicher. Aber trotzdem, er paßte sosehr hierher in diese stille Straße und in ihre Stimmung.

Sie gingen aneinander vorbei. Der Mann, der im Kostüm steckte, lächelte ein wenig über den überraschten und kindlichen Ausdruck in ihren Augen, da war die Begegnung auch schon vorbei. Anne beschleunigte ihre Schritte, sie wollte nun bald nach Hause, da gab es noch einiges für sie zu tun. Kurze Zeit später betrat sie das Haus, in dem sie im Erdgeschoß wohnte.

Als Anne durch die Haustür trat, sah sie eine Tanne an der Wand vor ihrer Wohnungstür lehnen, eine Tanne, die bereits in einem Christbaumständer stand. Ihr Herz klopfte sehr schnell, und sie hatte keine richtige Gewalt mehr über ihre Hände. Rasch die Stufen hoch und in den Zweigen gesucht! Richtig, da war ein Kärtchen. Sie konnte nicht erst aufschließen, zuerst mußte sie das Kärtchen lesen. «Mit herzlichen Wünschen ein Baum für Dein Lieblingsfest, direkt vom Weihnachtsmann. Der Baum ist schon festgemacht, denn damit hast Du Schwierigkeiten. Der Weihnachtsmann weiß das. Er würde Dir auch gern beim Schmücken helfen.» Das war's. Eine Unterschrift brauchte es nicht.

Anne suchte nach dem Schlüssel in ihrer Tasche, nicht so einfach, denn die Hände zitterten immer noch ein bißchen. Endlich hatte sie ihn gefunden. Als sie ihn ins Schloß stecken wollte, ging die Wohnungstür von innen auf. Das Erschrecken war nur ganz kurz, ihr fiel sofort ein, wer ihren Schlüssel noch hatte, obwohl sie bisher nie daran gedacht hatte, daß die Rückgabe des Schlüssels damals unterblieben war, beide hatten in der Aufregung nicht daran gedacht.

Welch ein Glück! Denn da stand in der Türöffnung, groß und kräftig, ein Bär von einem Manne, ein richtiger Weihnachtsmann! Auch ohne Kapuzenmantel und Bart, ihr ganz persönlicher Weihnachtsmann, mit etwas fragendem Ausdruck, aber lachenden Augen. Und mit einem Laut der Freude tat sie den letzten halben Schritt auf ihn zu, denn nun begann Weihnachten, für sie beide, exakt in dieser Minute.

*Heike Heering*

# Federn für den Nikolaus

Der Nikolaus war schon recht müde, sein Gabensack fast leer, aber in ein Dorf mußte er noch. Da half alles nichts. Um schneller das letzte Ziel zu erreichen, erhob er sich in die Luft. Die Augen fielen ihm schon zu.

Das konnte nicht gutgehen!

Und dann hatte er den unvermeidlichen Zusammenstoß. Er prallte in der finsteren, nebligen Nacht mit einem Entenschwarm zusammen, daß die Federn nur so stoben. Natürlich entschuldigte er sich vielmals, denn ein solches Vorkommnis ist für einen Nikolaus äußerst unwürdig. Geschöpfen, die dem Himmel so nahestehen, durften solche irdischen Mißgeschicke nicht widerfahren!

Aber es war nun einmal geschehen.

Nachdem die Enten ihrer Empörung Luft gemacht und sich durch Rufe wieder formiert hatten, flogen sie zielstrebig weiter.

Auch der Nikolaus setzte seinen Weg fort.

Im Dorf füllte er alle Schuhe, die er auf den Fensterbänken stehen sah. Was er noch im Sack hatte, reichte gerade aus.

Unbeschwert trabte er in Richtung des Waldes. Der Sack auf seinem Rücken schaukelte leise und leicht bei jedem Schritt. Aber in seinen Manteltaschen trug der Nikolaus noch allerlei Früchte, die er den Tieren des Waldes geben wollte. Es machte ihm jedes Jahr eine besondere Freude, am Ende seiner Gabenverteilung für die Menschen an die Tiere zu denken.

Das erste Morgengrauen dämmerte bereits herauf, als er im Wald ankam. Die Rehe und Hasen waren gerade erwacht. Ohne jede Scheu liefen sie dem Nikolaus entgegen und nahmen das Obst aus seiner Hand.

Plötzlich stutzte er.

Da stand mitten im Wald eine Blockhütte, die er noch niemals gesehen hatte. Er trat an das Fenster und war sehr peinlich berührt, als er auf der Fensterbank ein Paar alte verknitterte Schuhe stehen sah. Er wußte, der Sack war leer; es würde sich auch nicht mehr die geringste Kleinigkeit herausholen lassen. Vorsichtshalber fühlte der Nikolaus aber doch schnell noch einmal in den Sack. Er war wirklich leer. Nur außen im Gewebe steckten einige Federn, die die Enten beim Zusammenprall mit dem Nikolaus verloren hatten.

Kurz entschlossen klaubte er die Federn zusammen und verteilte sie auf die beiden Schuhe.

Das Haus im Wald bewohnte der bucklige und humpelnde Henning, der das Vertrauen in die Menschen verloren hatte. Zu oft war er verspottet worden oder bemitleidet. Beides hatte er nicht mehr ertragen wollen. Darum wohnte er lieber unter den Tieren als unter den Menschen.

Es war seine Angewohnheit, jede Nacht die Schuhe auf der Fensterbank stehen zu haben. Damit hatte er einmal an einem Nikolaustag begonnen, nur zum Spaß, denn der Nikolaus würde niemals etwas in einen Schuh tun, wenn gleich zwei Schuhe gierig darauf warteten, gefüllt zu werden.

So schlüpfte Henning nichtsahnend am Morgen in seine Schuhe und spürte auch die Federn nicht. Etwas anderes aber spürte er, und es erfüllte ihn mit Staunen und Freude. Er ging ganz leichtfüßig, ja, er tänzelte beinahe schwerelos, sprang zur Tür hinaus, wirbelte durch den Wald und erhob sich schließlich über dem Dorf in die Luft.

Die Leute, die ihn vorher verspottet oder bemitleidet hatten, beneideten ihn jetzt und hätten zu gern gewußt, was der Nikolaus Henning gebracht haben mochte. Viele von ihnen hatten Ruten in ihren Schuhen gefunden, aber das sagte natürlich keiner dem anderen.

*Bruno Hennig-Joro*

## Der gläserne Vogel

Ein kluger Mann hat einmal geschrieben: «Man kann Kindern nicht früh und nicht oft genug aus guten Büchern vorlesen. Sie werden dann auch als Erwachsene, immer wenn sie ein Buch lesen, im Geiste auf dem Schoß des Vorlesenden sitzen und seiner Stimme lauschen.»

Als ich das meiner erwachsenen Tochter vorlas, wurde sie ganz still und meinte: «Der Mann hat es erkannt, ich habe bisher noch nicht darüber nachgedacht, aber wenn ich mich mit einem Buch in eine Ecke zurückziehe, fühle ich mich auch so geborgen wie damals, als ihr mir noch vorgelesen habt.»

Und daran habe ich mich auch als Großvater immer gehalten, als ich die Möglichkeit hatte, meinen Enkeln vorzulesen.

Martin, meinem ersten Enkel, er war damals ca. fünf Jahre alt, las ich einmal in der Vorweihnachtszeit eine Geschichte mit dem Titel «Der gläserne Vogel» vor, eine Geschichte von einem kleinen Jungen, der das Weihnachtsfest nicht erwarten kann und eines Tages, als er alleine zu Hause ist, auf den Dachboden schleicht, um sich den Weihnachtsbaumschmuck anzusehen. Besonders hat es ihm der wunderschöne gläserne Vogel angetan, den er im letzten Jahr so bewundert hatte.

Und wie das Schicksal so spielt, fällt ihm der Vogel aus der Hand und zerbricht in tausend kleine Stücke.

Was nun???

Ihm fällt ein, daß es in der Nähe ein Antiquitätengeschäft gibt. Dort fragt er nach einem gläsernen Weihnachtsvogel. Der Besitzer weist ihn aber barsch ab. Er geht ein paar Straßen weiter, denn dort gibt es noch so einen kleinen Laden. Hier bedient ihn eine freundliche Verkäuferin. Sie hat leider auch keinen gläsernen Vogel, aber sie weiß, daß in der Paradiesgasse eine alte Dame wohnt, die so einen Vogel hat.

Er läuft in die Paradiesgasse und klingelt an jedem Haus und fragt, ob hier eine alte Dame wohnt ... und er findet sie! Er wird zu Lebkuchen und Kakao eingeladen, und die Dame hört sich seine traurige Geschichte an.

Ihren gläsernen Vogel möchte sie nicht hergeben. Sie schenkt dem kleinen Jungen aber eine kleine rote Lackschachtel und gibt ihm den Rat, seiner Mutter alles zu erzählen und die Scherben des kleinen Vogels in das Schächtelchen zu tun und an den Weihnachtsbaum zu hängen. «So wird die Seele des kleinen Vogels immer bei dir sein.»

Soweit die Geschichte.

Ich bin Zauberkünstler und hatte ein paar Wochen später einen Nachmittagsauftritt bei einem kirchlichen Kaffeekränzchen. Martin durfte mitkommen und zusehen, wie Opa zauberte.

Bei Kaffee und Kuchen wurde es für Martin etwas langweilig. Ich gab ihm meinen Taschenkalender und einen Bleistift, damit er ein bißchen malen konnte.

Und was malte er?

Einen Tannenbaum mit einem Vogel darauf. Ich fragte ihn, was das ist. «Das ist der gläserne Vogel aus der Geschichte, die du mir vorgelesen hast.» So gut hatte ihm die Geschichte also gefallen, daß er jetzt noch daran dachte.

Der Opa freute sich natürlich.

Letztes Jahr, Martin war zehn Jahre alt, habe ich ihm zu Weihnachten ein kleines Holzkästchen geschenkt, in dessen Deckel ich seine Zeichnung von damals geklebt habe. In das Kästchen habe ich, in viel Seidenpapier gewickelt, den schönsten «gläsernen Vogel» gelegt, den ich auf dem Weihnachtsmarkt finden konnte. Und daneben eine kleine rote Lackschachtel mit dem Vermerk «Falls er mal kaputtgeht».

Ich hoffe, daß ihn der «gläserne Vogel» noch viele Jahre an seine Jugendzeit und an den Vorlese-Opa erinnern wird.

*Thoralf Schirmer*

## Tannenbäumchens zweite Weihnacht

Im Hause der Familie Griebusch herrschten feste Regeln: Man fand sich pünktlich um halb sieben am Morgen zum Frühstück und um halb acht am Abend zum Abendbrot ein, an Wochenenden war außerdem die Mittagszeit auf Punkt zwölf festgesetzt. Die Aufgaben im Haushalt waren gerecht auf alle Familienmitglieder verteilt, am gerechtesten auf Mutter Griebusch, und wenigstens einmal im Monat besuchten die fünf Griebuschs die Großeltern in der kleinen Stadt Toberlow.

Manche der Regeln, die sich mit der Zeit eingeschliffen hatten, waren auch an Jahreszeiten und Festtage gebunden, und zwei von diesen betrafen den Weihnachtsbaum der Familie Griebusch. Jedes Jahr wurde der Baum genau um 15 Uhr am 24. Dezember aus dem Keller geholt, wo Vater Griebusch ihn vor den Augen der anderen Familienmitglieder möglichst zu verbergen gehofft hatte, wohl wissend, daß sich zumindest die Kinder – von Neugier und Vorfreude geplagt – heimlich zum ewig gleichen Versteck des Tannenbäumchens schleichen würden. Von seiner Frau mochte Herr Griebusch so etwas nicht glauben, wenngleich er sich nicht ganz sicher war, denn um die Weihnachtszeit schien es ihm, als bliebe seine Annemarie manchmal ungewöhnlich lange im Keller, um etwa eine Dose mit Karotten und Erbsen für das Mittagessen heraufzuholen.

Ebenso pünktlich, wie der Baum alljährlich kurz vor dem Heiligen Abend im gemütlich geheizten Wohnzimmer der Griebuschs aufgestellt wurde, um dann von allen fünf Familienmitgliedern unter Absingen der schönsten Weihnachtslieder gemeinsam geschmückt zu werden, so genau war auch die Stunde seines Abschieds vorherbestimmt. Regelmäßig am ersten Sonntag nach Epiphanias versammelte sich die Familie zum letzten Male feierlich, um den Baum – wieder unter fröhlichem Gesang – seines Schmuckes zu berauben, ein Zeremoniell, welches von den Griebuschs das «Abputzen» genannt wurde. Am Montag morgen war es dann soweit: Der Baum wurde aus dem Haus gebracht und zu seinen vielen Artgenossen auf einen der großen Sammelplätze gestellt, die die Stadtreinigungs-Gesellschaft dafür vorgesehen hatte.

Als Alexander, der älteste Sohn der Familie, zehn Jahre alt geworden war, wurde er vom Vater damit beauftragt, den Baum fortzuschaffen. Herr Griebusch meinte, sein Sohn sei nun alt und kräftig genug dafür, und er komme ja ohnehin auf dem Weg zur Schule an einem der städtischen Sammelplätze vorbei. Alexander war sehr stolz auf diese wichtige Aufgabe, die der Vater ihm allein übertragen hatte. Am Montag morgen beeilte er sich, mit dem Frühstück fertig zu werden, und schlüpfte – noch mit kauenden Backen – in seinen dicken blauen Anorak, zog Handschuhe und Schal an, vergaß wie unabsichtlich die Pudelmütze, die er nicht ausstehen konnte und die ihm die Mutter doch immer wieder aufnötigte, und verließ das Haus. Im Hof stand schon der Baum. Alexander packte ihn unter den rechten Arm, straffte seinen Rücken und marschierte durch den Schnee davon.

Der Baum war diesmal ziemlich groß und daher auch schwer. Aber obwohl der Vater aus diesem Grund schließlich doch seine Hilfe beim Tragen angeboten hatte, bestand Alexander darauf, seine Aufgabe allein zu erledigen. Nun mußte er freilich ständig das Gewicht des Baumes verlagern. Mal trug er ihn geschultert, wie ein Soldat sein Gewehr, mal mit beiden Händen vor sich, wie der Tambourmajor seinen Stab. Und schließlich, als ihn die Kräfte schon langsam verließen, packte er den Baum am Wipfel und schleifte ihn hinter sich her, so daß der Stamm eine tiefe Spur im Schnee hinterließ. Endlich hatte Alexander den Abstellplatz erreicht und wuchtete seine Last zu den übrigen Bäumen, die da schon standen. Es waren vor allem Kiefern und Fichten, hier und da entdeckte Alexander auch eine Douglasie oder eine Blautanne. Im fahlen Licht einer Straßenlaterne standen sie wie eine Armee degradierter Soldaten da. Das Lametta, das ihre Uniform während der kurzen Dienstzeit so glänzend gemacht hatte, war ihnen so gut wie möglich abgerissen worden, und die prächtigen Kugeln, die ihre Orden gewesen waren, standen nun wieder verpackt in irgendwelchen Schränken – eine Auszeichnung für den nächsten Rekruten. Mittendrin in diesem Elend stand jetzt auch Griebuschs Weihnachtsbaum, eine schön gewachsene

Nordmannstanne mit dichten Nadelbüscheln, welche – abgesehen von den Stellen, wo die Hitze der Kerzen sie hatte gelblich-trocken werden lassen – noch immer in sattem Grün schimmerten.

Alexander salutierte zum Abschied vor der ganzen traurigen Parade und wollte weitergehen ... aber er konnte nicht. Plötzlich kam es ihm wie ein Verrat an dem schönen Tannenbaum vor, ihn so einfach im Stich zu lassen. Er fühlte sich schuldig wie einer, der einen guten Freund, von dem er nichts als Freundlichkeit erfahren hatte, dem Henker auslieferte. Und Henker waren die Leute von der Stadtreinigung in diesem Falle ja schon. Alexander hatte einen seiner Freunde erzählen hören, was sie mit den ausgedienten Weihnachtsbäumen machten. Sie wurden «geschreddert», und das bedeutete nichts anderes, als daß sie in irgendwelchen Maschinen von scharfen Messern in tausend kleine Stücke zerhackt würden. Ein grauenvolles Schicksal!

Alexander starrte den Baum an, und der Baum starrte den Jungen an. Der eisige Morgenwind bewegte leise die letzten Lamettafäden an den Zweigen, und da schien es Alexander, als wolle der Baum ihm zum Abschied zuwinken. Der Junge spürte kaum, wie ihn die Kälte langsam in die Zehen zwackte und der schneidende Wind sich in Wangen und Nase verbiß. Alexander hielt stumme Zwiesprache mit dem Baum. «Willst du mich hier so schmählich verrecken lassen, nach all dem Spaß, den wir zusammen gehabt haben, nach all der Freude, die ich dir und deiner Familie bereitet habe?» fragte der Baum. «Nein, ganz bestimmt nicht!» rief Alexander, und der Wind oder die Scham oder beides trieben ihm Tränen in die Augen.

Vater Griebusch staunte nicht schlecht, als er am Abend nach Hause kam und den Weihnachtsbaum wieder auf dem Hof stehen sah. «Ist er dir also doch zu schwer geworden», sagte er und klopfte seinem Sohn verständnisvoll auf die Schulter. «Tut mir leid, ich hätte dir beim Tragen helfen sollen. Aber laß gut sein, wir werden es morgen eben zusammen erledigen.»

«Nein», sagte Alexander und verschränkte trotzig die Arme. «Ich schaffe den Baum nicht weg. Es ist nicht fair, ihn erst von seinen eigenen Verwandten zu trennen, nur damit wir Weihnachten feiern können, und ihn dann einfach wegzuschmeißen. Schließlich hat er ja irgendwie zur Familie gehört.»

«Ich bitte dich! Niemand hat diesen Baum irgendeiner Tannenfamilie im Wald weggenommen», versuchte der Herr Griebusch seinem Sohn zu erklären. «Diese Bäume werden heutzutage extra auf Plantagen angepflanzt, nur damit sie irgendwann Weihnachtsbäume werden. Es ist wie mit den Blumen, die ich der Mutti ab und zu mitbringe. Auch die sind nur dazu gezüchtet, in einer Blumenvase zu verwelken. Und wenn wir sie wegwerfen mußten, hast du dich noch nie darüber beschwert, daß sie zur Familie gehört hätten.»

Alexander blickte zu Boden und schüttelte den Kopf. «Aber ein Weihnachtsbaum ist etwas anderes, etwas Besonderes.»

«Da hast du ja recht», erwiderte der Vater. «Und gerade deshalb können wir ihn nicht länger hierbehalten. Die Weihnachtszeit hat ihn zu etwas Besonderem gemacht, und die ist nun vorbei.»

«Aber es wird wieder Weihnachten werden», beharrte Alexander. «Können wir ihn nicht solange aufheben und dann wieder hervorholen?»

«Junge!» rief der Vater, jetzt schon recht ungeduldig. «Wie zum Kuckuck stellst du dir denn das vor? Ein Baum ohne Wurzeln wird trocken und verliert seine Blätter ... oder Nadeln eben. Er ist totes Holz. Du bist alt genug, um das selbst zu wissen.»

«Ja», sagte Alexander kleinlaut, fügte aber im gleichen Augenblick in kindlichem Eigensinn hinzu: «Trotzdem! Wenn wir nur wollten, könnten wir ihn irgendwie überleben lassen.»

«Sei nicht albern!» sagte Vater Griebusch. «Da ist nichts mehr zu machen. Der Baum muß weg!»

«Und er wird doch das nächste Weihnachten noch erleben!» rief der Junge trotzig. «Ich habe es ihm nämlich versprochen.» Dann drehte er sich um und rannte in sein Zimmer.

Der Vater sah ihm nach und schüttelte den Kopf. «So was Starrköpfiges», brummte er. Und er beschloß, den Baum am nächsten Morgen allein fortzuschaffen.

Doch als Herr Griebusch am nächsten Tag auf den Hof kam, war der Baum verschwunden. Nur ein tiefes Loch im Schnee verriet, wo der Stamm gesteckt hatte. Was passiert war, konnte er leicht erraten, denn über Nacht war Neuschnee gefallen, und in der frischen weißen Decke konnte man deutlich Schuhabdrücke erkennen, die von der Stelle wegführten, an der der Baum gestanden hatte. Die Größe der Abdrücke ließ Herrn Griebusch ziemlich sicher vermuten, daß sein Ältester ihm zuvorgekommen war. «Da ist er also doch noch zur Besinnung gekommen», freute sich der Vater, zuckte die Achseln und ging, um den Schneeschieber zu holen und sich den Weg zum Parkplatz freizuschaufeln. Über den Vorfall mit dem Weihnachtsbaum wurde nicht mehr gesprochen.

Es war Ende März, als der Tannenbaum wieder auftauchte. Die Griebuschs hatten einen kleinen Garten am Rande der Stadt, und auch für ihn galten einige der festen Familienregeln. Zum Beispiel die, daß am letzten Sonntag im März offiziell Winterschluß war und sich die ganze Familie zu den ersten Arbeiten im Garten einzufinden hatte. Die Griebuschs rückten also fünf Mann hoch an, die Mutter mit einem Eimer voller Lappen und Putzmittel, denn ihr oblag es, die kleine Gartenlaube für die kommende Frühlings- und Sommersaison wieder in Ordnung zu bringen. Der siebenjährige Matthias sollte ihr dabei helfen. Svenja, die Tochter von neun Jahren, und Alexander hatten das heruntergefallene Laub vom Herbst zusammenzuharken, während Vater Griebusch sich daranmachte, die

Obstbäume auszuästen. Natürlich fiel ihm das ungewöhnliche Gewächs, das am hinteren Ende des Gartens zwischen zwei Obstbäumen stand, sofort auf. Das war tatsächlich der alte Weihnachtsbaum der Familie Griebusch. Er sah zwar bei weitem nicht mehr so prächtig aus wie vor dem Fest, aber seine Nadeln, von denen er noch etliche besaß, zeigten immer noch ein akzeptables Grün.

«Ja geht denn das schon wieder los!» rief Vater Griebusch und gab dem Baum einen Stups. Ein paar Nadeln rieselten, aber ansonsten stand der Baum fest. Er war tief eingegraben worden. Alexander, der den Vater rufen gehört hatte, legte die Harke weg und kam schuldbewußt näher. Aber als er sprach, war da wieder der alte Trotz in seiner Stimme. «Ich habe ihn wieder eingegraben», sagte er. «Damit er Wurzeln kriegen kann.»

«Hat man je so einen Blödsinn gehört!» schimpfte der Vater. «Ich habe dir doch schon einmal gesagt, daß so etwas nicht geht.» Und er fügte hinzu, wobei er jedes Wort betonte, als müsse er es in den Kopf seines Sohnes einhämmern: «Dieser Baum wird kein zweites Weihnachten erleben!»

«Doch, wird er!» sagte Alexander störrisch und stellte sich mit ausgebreiteten Armen schützend vor den Baum. «Laß ihm nur Zeit, wieder Wurzeln zu bekommen.»

«Papperlapapp!» rief der Vater aufgebracht. «Da können wir bis Spitzpfingsten warten, wenn die Haarnadeln blühen!» Und er wollte gerade zu einer längeren Standpauke ausholen, da legte sich sanft eine Hand auf seine Schulter. «Siehst du denn nicht, Reinhold, daß du so bei dem Jungen im Augenblick gar nichts erreichst?» fragte die Mutter leise. «Er würde der wissenschaftlichsten Erklärung nicht glauben, weil er ihr nicht glauben will. Laß ihn seine Erfahrungen selbst machen. Er wird von allein merken, daß du recht hast.» Mit diesen Worten zog sie ihren Mann fort und rief Alexander über die Schulter hinweg zu: «Komm auch mit! Wir trinken erst mal Kaffee.»

Es fiel dem ordentlichen und regelgewohnten Vater Griebusch schwer, aber er ließ seinem Sohn von nun an seinen Willen, was die alte Nordmannstanne betraf. Sie stand noch im April und im Mai und im Juni, und ihr Aussehen wurde immer erbärmlicher. Immer wieder wühlte der Junge im Boden unter dem Baum, ob nicht schon Wurzeln zu fühlen seien, aber er trottete jedesmal wieder enttäuscht zurück ins Gartenhaus.

Im Juli dann war der Baum plötzlich nicht mehr da. Die Eltern fragten nicht danach, denn die traurige Miene des Jungen verriet ihnen mehr als deutlich, daß Alexander nun endlich wohl das Unabänderliche eingesehen hatte. Sie waren froh, daß die Sommerferien vor der Tür standen, und hofften, daß ihr Sohn im Urlaub, im Ferienlager und daheim mit seinen Freunden schon auf fröhlichere Gedanken kommen würde.

Und so war es tatsächlich. Die Sommerferien begannen, und fast von einem Tag auf den anderen wurde der Junge heiterer. Oft stand er schon ganz früh auf und radelte davon – zu den Freunden, ins Schwimmbad und – sehr zur Freude des Vaters – auch in den Garten, wo er es freiwillig übernommen hatte, täglich die Blumen zu gießen und den Rasen zu sprengen. Kurz: Alexander wurde wieder das, was er vorher gewesen war – ein fröhliches Kind.

Schließlich rückte die Weihnachtszeit wieder näher, und obwohl Alexander den Eindruck machte, daß er sein «Weihnachtsbaumtrauma» – denn so nannten die Eltern den Vorfall bei sich – überwunden hatte, beschlossen Mutter und Vater Griebusch, das Fest zusammen mit ihrem Jungen behutsam anzugehen. Zum erstenmal ließ der Vater freiwillig Regel Regel sein und nahm Alexander mit zum Weihnachtsbaumeinkauf. Und fast stillschweigend wurden sich die beiden einig, einen jener Bäume zu kaufen, deren Wurzeln in einem großen Topf mit Erde steckten und die man nach Weihnachten getrost wieder im Garten einpflanzen und tatsächlich für das nächste Fest aufheben konnte. Sie fanden eine schöne Blautanne, und dieser Baum stand nun also pünktlich um 15 Uhr des 24. Dezember im Wohnzimmer der Familie Griebusch und verbreitete seinen angenehmen Duft – jene einmalige Mischung aus Nadel- und Harzgeruch, die uns ewig an unsere Kindheit erinnern wird.

Mit feierlicher Miene brachte der Vater den Stapel kleiner und großer Kartons herein, die den Weihnachtsschmuck enthielten – goldene und silberne, rote und grüne Kugeln in verschiedenen Größen, gläserne Tropfen, die wie Eiszapfen aussahen, und die Krönung vom Ganzen, die Weihnachtsbaumspitze, die rechts und links ein kleines Glöckchen trug, welches sich beim geringsten Lufthauch oder in der Wärme der Kerzen leicht bewegte und leise bimmelte.

Zunächst wurden die Kerzen auf dem Baum angebracht – eine Aufgabe, die Vater Griebusch selbst übernahm, aus «sicherheitstechnischen Gründen», wie er sagte. Dann sollte es ans Schmücken gehen, doch als Vater und Mutter, der kleine Matthias und Svenja zu den ersten Kugeln griffen, bat Alexander plötzlich: «Halt, wartet mal! Ich habe ein Weihnachtsgeschenk für euch alle, aber ich muß es gleich holen, sonst nützt es nichts.» Er rannte in sein Zimmer und kam gleich darauf mit einer großen Schachtel wieder.

«Jetzt bin ich aber sprachlos», rief die Mutter, als Alexander den Deckel abgenommen hatte, und streichelte ihrem Sohn zärtlich über den Kopf. Und auch der Vater sagte anerkennend: «Das ist wirklich ein schöner Schmuck. Der hat unserem Baum noch gefehlt.» Svenja griff in die Schachtel und holte eine kleine hölzerne Eisenbahn hervor, die bunt angemalt war und herrlich glänzte. Mit der anderen Hand holte sie einen Weihnachtsmann hervor, dann einen Engel, einen Nußknakker, einen Zwerg, einen Fliegenpilz und lauter neue kleine Figuren, und jedesmal rief sie begeistert: «Ach wie süß!»

«Hast du das alles allein gebastelt?» fragte der Vater und

blickte stolz auf seinen Ältesten. «Ja», sagte Alexander. «In den Sommerferien, im Garten.»

«Aha», lachte der Vater. «Deshalb also deine plötzliche Liebe zur Gartenarbeit.» Und dann stimmte die Mutter das Lied vom kleinen Tannenbaum an. Alle anderen fielen ein, und nun wurde der Weihnachtsbaum mit den kleinen hölzernen Figürchen wunderbar geschmückt. Damit sie auch richtig zur Geltung kämen, bestimmte der Vater sogar, daß diesmal ein paar von den Kugeln weggelassen werden sollten.

Schließlich stand der Baum da, eine wahre Pracht, und die Familie war sich einig, daß sie noch nie einen so schönen Weihnachtsbaum gehabt hatte. «Siehst du», sagte der Vater und klopfte seinem ältesten Sohn auf die Schulter. «Den alten Baum vom vorigen Jahr hättest du noch sosehr schmücken können – er wäre nie so hübsch geworden wie dieser.»

Der Junge nickte. «Stimmt. Aber mein Versprechen habe ich trotzdem gehalten. Der alte Baum feiert sein zweites Weihnachten mit uns.»

«Wie? Ich verstehe nicht ganz ...» fragte der Vater erstaunt, aber dann verstand er plötzlich doch. Er ging an den Weihnachtsbaum heran und betrachtete eingehend den kleinen Weihnachtsmann, der da hing. Die Figur war geschnitzt – man sah noch die Kerben des Messers – und hinterher angemalt worden. Soweit war noch nichts Auffälliges an dem Männlein. Aber der Bart! Vater Griebusch runzelte die Stirn. Der Bart war in kleinen weißen Strähnen angeklebt, und als Herr Griebusch genauer hinsah, erkannte er, daß es angemalte Tannennadeln waren. Und richtig: Da war auch ein Engel, dessen Flügel Tannennadeln waren, und genauso waren es der Zwergenbart und der Federbusch am Hut des Nußknackers und die Schlegel einer kleinen Trommel. Da wußte Herr Griebusch, daß sein Sohn nicht gelogen hatte. Der alte Baum feierte tatsächlich sein zweites Weihnachten bei den Griebuschs, auch wenn er sich jetzt in kleine Puppen und buntes Spielzeug verwandelt hatte. Und von nun an würde der Baum jedes Weihnachten in der Familie Griebusch miterleben – eine feste Regel, von der niemals abgewichen wurde.

*Anna-Maria Krüger*

## Weihnachten im Elternhaus

Die Weihnachtsfreude begann bei uns Kindern schon am ersten Adventssonntag. An einen Adventskranz kann ich mich nicht erinnern. Aber während der ganzen Adventszeit brannte eine Kerze als Vorbote zum großen Weihnachtsfest, und ab nun galten unser ganzes Sinnen, unsere Heimlichkeit, die musikalischen Übungsstunden dem zu erwartenden Ereignis. Durch die Schule stimuliert, lernten wir Kinder heimlich Weihnachtsgedichte und bastelten unter Leitung der Handarbeitslehrerin oder des Werklehrers Geschenke für Vater, Mutter und Geschwister. Jeden Tag gab es in der Schule und unter den Geschwistern nur ein wichtiges Thema: Weihnachten. Mit bittenden und glänzenden Augen wurde Mutter ausgefragt. Was für eine Spannung!

Viel Spaß machte auch die Weihnachtsbäckerei. Der Pfefferkuchenteig war schon seit drei bis vier Wochen fertig in einem abgedeckten Tontopf. Die Herstellung des Teiges war das Geheimnis jeder Hausfrau, welches in der Familie blieb und von Mutter zu Tochter weitergegeben wurde. Der Teig mußte so lange im Topf liegen, damit sich die Gewürze gut entfalten konnten. In der Woche vor Heiligabend verwandelte sich die Küche in eine duftende Bäckerei. Der Pfefferkuchenteig wurde noch mal bearbeitet und auf ein großes Blech getan. In bestimmten Abständen drückten Bruder Ernst und ich eine Mandel ein, und zwar so, daß nach dem Abbacken beim Schneiden der handlichen Stücke auf jedem eine Mandel war. Auf einem anderen Blech durften wir Pfefferkuchenmännchen formen oder Figuren ausstechen. Das machte Spaß, denn der Phantasie wurden keine Grenzen gesetzt. An einem anderen Tag war der Mürbeteig an der Reihe. Beim Ausstechen der Plätzchen waren wir ebenfalls voll dabei. Doch da bekamen wir nur einen kleinen Teil von dem Teig, den wir kneten und für immer wieder neue Variationen ausrollen durften, bis er schließlich von unseren Händen beinahe dunkelweiß war. Ich glaube, den hat Mutter erst gar nicht abgebacken, denn er sah nicht mehr so genüßlich aus.

An der neuen Pudelmütze und dem Schal für Oswalds Teddy und den neuen Kleidern meiner Puppe merkte ich erst am Heiligen Abend, daß Mutter wohl nach unserem Einschlafen manche Abende an dieser Weihnachtsüberraschung gearbeitet hat. Ich war wohl zehn Jahre alt, da bat ich meinen Vater um Geld für einen mit Kreuzstichen vorgezeichneten Wandläufer aus Panamastoff. An den Spruch, den ich darauf ausstikken wollte, kann ich mich nicht mehr erinnern. Er ging wohl in die Richtung «Ein gutes Gewissen ist ein sanftes Ruhekissen» o. ä. Soviel ich auch mit Eifer in den Handarbeitsstunden oder heimlich zu Hause daran stickte, wurde mir bald klar, daß ich damit bis zum Heiligen Abend nicht fertig werde. Eine Schulfreundin bot sich an, mir zu helfen, und so verzichtete ich auf das tägliche Schlittschuhlaufen und ging so manchen Nachmittag zu Hedwig Kramer nach Kortau. Das war ein großes Opfer und auch ein sehr weiter Weg. Hedwig, ein Jahr älter, war sehr geschickt und flink, und so schafften wir beide den Wandläufer für Mutter pünktlich zum Fest.

Auf den Schnee brauchten wir Kinder meistens nicht lange zu warten. Meistens waren wir zu Beginn des Advents damit reichlich versorgt, und im Laufe des Dezember hatten wir den schönsten knackigen Frost. Bäume, Sträucher, Zäune und Dächer erhielten eine dauerhafte weißglitzernde Schnee-Daunen-Decke. Selbstgestrickte Wollsachen, Schlittschuhe und

Schlitten waren angesagt. Die Kleinen, Oswald, später Gustel, wurden mit Rodelmützen, Schals, dicken langen Strümpfen – alles handgestrickt – auf den Schlitten gesetzt, und damit tummelten wir die Hohensteiner Querstraße, die eine kleine Steigung hatte und wenig Straßenverkehr, hinauf und hinunter. Dabei merkten wir kaum, daß der Frost unseren Fingern und Füßen ganz schön zusetzte. Oswalds Gesicht war knallrot und starr, Augen und Nase liefen, und man konnte nicht feststellen, ob er weinte oder lachte. Zwischendurch mußte ich ihm die Hände warm reiben, oder ich zog ihm mein zweites Paar Fausthandschuhe auf.

Einmal habe ich mich mit Heini Turowski zum Rodeln auf der ziemlich steilen Straße neben der Garnisonkirche verabredet. Obwohl wir wußten, daß das Rodeln auf der Straße verboten war, fanden sich viele Kinder dort ein. Einige Male gelang es uns, die lange Bahn mit einem künstlich hergerichteten Höcker in ziemlichem Tempo hinunterzusausen. Mit etwas weniger Schwung überquerten wir am Ende der Bahn eine Straße und ließen danach auf einem schmaleren Weg den Schlitten langsam bis zum Stillstand auslaufen. Dann zogen wir wieder die Straße hinauf. Dabei gaben wir den oben Wartenden ein Zeichen, daß die Luft rein war, und die nächsten Schlitten setzten sich in Bewegung. Ja, und dann passierte es. Obwohl wir von unten ein Zeichen erhielten, daß die Querstraße frei sei, sauste ich los und entdeckte unten einen Polizisten. Ich schnappte mir die Schnur von meinem Schlitten und lief mit ihm weg, der Polizist hinterher. Beinahe hätte er meinen Schlitten erwischt. Während er sich beim Laufen nach ihm bückte, zog ich an meiner Schnur den Schlitten an. Der arme Ordnungshüter griff vorbei und fiel hin. Ich rannte weiter, jedoch er holte mich ein und kassierte meinen Schlitten. Den mußte unser Vater am nächsten Tag auf der Polizeiwache auslösen. Wie seine Schelte ausfiel, weiß ich nicht mehr so genau. Meistens war er mir gegenüber nicht so streng.

Aber weit mehr Spaß machte mir das Schlittschuhlaufen. Dazu brauchten wir nur die gewöhnlichen Winterschnürstiefel, die immer viel zu groß gekauft wurden, damit sie trotz der dicken selbstgestrickten Wollstrümpfe, die mittels Lochgummiband an einem «Leibchen» festgehalten wurden, und ebenfalls solchen wollenen Stricksocken noch bequem paßten. Die Schlittschuhe wurden an diese angebracht. Mit festen Klemmen schraubte man die Schlittschuhe an die Sohlen und Absätze, wobei die Klemmen für die Absätze sich mit Zinken in das Leder der Absätze krallten. Das gab natürlich Löcher im Leder, und dabei konnte es passieren, daß beim Laufen ein brüchiger Lederabsatz abgerissen wurde. Vater holte dann seinen Absatzdreibock vor und nagelte ihn wieder fest. Warm angezogen mit zwei Pullovern, Strickmütze und Schal, die Schlittschuhe mit einem Lederriemen zusammengehalten und zwei Paar gestrickten Fausthandschuhen – es waren meistens im Schnitt 12 bis 18 Grad Frost –, zogen wir die Liebstädter Straße hoch zum Langsee. Auf der Eisfläche war die Laufstrecke abgegrenzt und blank gefegt. Sie war für weniger gute und sehr gute Läufer getrennt. Für 10 Pfennig konnten wir uns dort nach Herzenslust austoben. Was machte es schon, wenn wir auch mal stürzten. Blaue Flecken wurden nicht gezählt. Nach einigen Kapriolen hatte man sich warm gelaufen und spürte bei knackigem Frost weder kalte Hände, Füße noch Ohren. Die Probleme mit der knallroten Nase wurden einfach ignoriert. Zufrieden und mit einem riesigen Hunger traten wir bei Anbruch der Dunkelheit den Heimgang an. Für die Erwachsenen soll abends auf der Eisbahn auch Licht und Musik gewesen sein.

Mit dem Frost und Schnee machten wir uns auch bis zur Schule unsere Rutschbahn. (Die Niedersachsen nennen sie «Glieseke».) Durch einen Schwung beim Anlaufen rutschten wir mit unseren Schuhen immer eine bestimmte Stelle und Strecke entlang. Diese wurde so nach und nach immer glatter und länger – manche zwei bis drei Meter lang. Das war ein Spaß, so entlangzuschlittern, und man kam vor allen Dingen schnell voran. Natürlich mußte man mit dem schweren Tornister auf dem Rücken Balance halten, sonst landete man auf der Nase oder dem Po.

Ungefähr ab Weihnachten war meistens das Eis auf dem Langsee, Okulsee, Kortauer See und Skandasee 25–30 cm dick, so daß die Brauereien und Bierverleger Eisvorräte für den Sommer schneiden konnten. Dazu waren maschinelle Eissägen notwendig, die die Eisstücke würfelweise (ca. 25 mal 25 cm) ablösten, und sogenannte Eisarbeiter, die diese Würfel an Land zogen und auf die LKWs oder Pferdewagen stapelten. Auf dem Firmengelände kamen die Würfel in den «Eiskeller». Das war ein gutisolierter Keller unterhalb eines normalen Kellers. Hier hielt sich das Eis bis zur nächsten Eisernte. Zum baldigen Verbrauch baute man auf dem Hof einen sogenannten Eisberg. Das waren ziemlich hohe Eismieten, die sorgfältig mit Sägespänen zwischendurch und darüber abgedeckt wurden. Mit Eiswürfeln bediente man seine Bierkunden – Gastwirte, Hotels – zum Kühlen ihrer Bierfässer.

Einmal bin ich mit Mutter an einem Adventssonntag ganz früh in die vorweihnachtliche Roratemesse gegangen. Das war für mich als Kind ein besonderes Erlebnis. Man mußte dazu schon sehr früh aufstehen. Ich glaube, sie begann morgens früh um fünf Uhr. Allein der Weg dahin durch die Dunkelheit und die nachtschlafende Stadt war beeindruckend. Aus der nachtsüber ausgekühlten Wohnung traten wir hinaus in die frostige Dezemberkälte. Der Schnee glitzerte und knirschte unter den Füßen. Unter den weit auseinanderliegenden Laternen traten hier und da Schatten der Kirchgänger hervor, um wieder im nächsten Dunkel zu verschwinden. Unser Weg bis zur Jakobikirche dauerte ca. 10 bis 15 Minuten. Das Kerzenlicht in dem eiskalten Kirchenraum strahlte eine geheimnisvolle Festlichkeit aus. Ich wärmte meine Finger an der brennenden Kerze an unserem Bankplatz. Ihr Schein ermöglichte uns das Ablesen der Lieder und Gebete. Den Text des bekannten Adventsliedes «Tauet, Himmel, den Gerechten. Wolken regnet ihn herab» habe ich nicht kapiert, aber lauthals mit Unterstützung der Orgel (Organist Hilpert) mitgesungen. Die Orgel in der Jakobikirche ist ein gewaltiges, klangvolles Kunstwerk und wurde damals von dem Organisten Hilpert total gewaltig und kunstvoll ausgespielt. Ich habe sie noch oft in den Ohren und genoß ihren einmaligen, runden, wohltemperierten Klang beim Besuch eines Gottesdienstes im Jahre 1973. Doch zurück zur Roratemesse. Sie war beendet. Die Kerzen erloschen so nach und nach, und total durchgefroren ging man wieder in die Dunkelheit auf den Weg zurück nach Hause. Nach einem heißen Getränk schlüpfte ich dann meistens noch mal in mein Bett, um mich aufzuwärmen.

Spannend war auch der Moment, wenn Vater und Mutter vom Einkauf schwer beladen nach Hause kamen. Natürlich waren darunter auch die Weihnachtsgeschenke, doch soviel ich auch aufpaßte, kam ich nie dahinter, wo sie bis zum Heiligen Abend versteckt wurden. Einmal entdeckte ich auf dem Schlafzimmerschrank einen Karton, der sonst nicht da war. Ich kletterte bei Abwesenheit der Eltern auf das danebenstehende Kinderbett und balancierte akrobatisch darauf herum. Da ich mich aber mit einer Hand festhalten mußte, konnte ich nur mit der anderen Hand meine Finger zwischen Deckel und Karton schieben. Ich ertastete mit den Fingerspitzen etwas aus Metall. Dabei rutschte der Karton ein Stück weiter und war für mich nicht mehr erreichbar. Nun grübelte ich, was das wohl gewesen sein könnte. Selbst am Heiligen Abend bei der Bescherung wußte ich es nicht so genau. War es der bunte Brummkreisel für Gustel oder das rote Auto für Oswald?

Am Heiligen Abend waren wir schon morgens aufgeregt, so daß Mutter uns mit aller List beschäftigen oder ablenken mußte. Am Nachmittag gingen Bruder Ernst und ich in die

Kirche. In jedem Jahr bewunderte ich die wunderbaren, aus kindlicher Sicht beurteilt, sehr großen Krippenfiguren mit entsprechend großem Stall. Der ganze linke Seitenaltar, meines Erachtens Marienaltar, wurde für die Krippe ausgenutzt. Sie war und ist für mich die schönste Krippe. Zu Hause angekommen und festlich eingestimmt, spürten wir vor lauter Aufregung nun gar nicht mehr unsere eiskalten Hände und Füße. Endlich erklang aus dem großen Zimmer ein Glöckchen, die Tür ging auf, und langsam gingen wir Schritt für Schritt mit sicherlich großen Augen zum bis zur Decke hohen Tannenbaum mit den vielen brennenden Kerzen, bunten Kugeln, dazwischenhängendem Naschwerk und langen, von uns Kindern selbstgefertigten Ketten aus buntem Glanzpapier. Jeder Zweig der Tanne war exakt dicht mit Lametta behangen – ein bis in meine alten Tage unvergeßlicher Anblick. Diese von Mutter mit immer wieder anderen Varianten kunstvoll geschmückte zimmerhohe Tanne konnten wir auch in späteren Jahren immer wieder bewundern. Vor der Bescherung sagten wir brav unsere je nach Alter mehr oder weniger langen Weihnachtsgedichte auf und sangen, von Mutter auf dem Klavier begleitet, Weihnachtslieder. Vater genehmigte sich dazwischen ab und zu ein Gläschen Rum und sang lauthals und nicht immer tonhaltend mit. Einige Male polterte auch ein Weihnachtsmann in die Feier und packte seinen schweren Rucksack aus. Vor dem Weihnachtsmann hatten wir Respekt, denn er hatte auch eine Rute bei sich. Sein Gastspiel war gottlob nicht lang. Sobald wir ihn die Treppe wieder herunterpoltern hörten, waren wir doch erleichtert. Die Freude war groß, wenn nach dem Weihnachtsmann plötzlich unser Omchen aus Bischofsburg erschien. Ich ahnte den Zusammenhang, habe ihn aber meinen Geschwistern nicht verraten. Trotzdem stellte ich mir die Frage: Wann kam sie aus Bischofsburg, und wo hielt sie sich so lange auf? Ich durfte mich aber nicht verraten und habe sie lieber nicht danach gefragt.

In späteren Jahren bin ich dann ganz gern zur Mitternachtschristmesse in das Franziskanerkloster gegangen. Dort war die Krippe in voller Höhe und Breite über und um den Altar aufgestellt und sehr beeindruckend.

Die Winter- und Weihnachtszeit gehört zu meinen schönsten Kindheits- und Jugenderinnerungen.

*Hans-Dieter Seiler*

## Balsam für die Seele

Noch wenige Stufen habe ich zu laufen, dann bin ich endlich im dritten Stock. Der große Karton, den ich aus dem Keller holte, ist sehr schwer. Jetzt bin ich oben, ich habe es geschafft. Meine Frau und auch der Blindenführhund erwarten mich bereits an der Wohnungstür. Den Karton stelle ich für einen Moment ab, und ich bemühe mich, wieder zu Atem zu kommen. Maxi ist mal wieder neugierig. Der Behälter muß jetzt erst mal abgeschnüffelt werden. Was hat Herrchen da wohl aus dem Keller geholt, mag sich der Hund fragen. Sind das neue Knochen für die Maxi? Noch einmal durchatmen, dann wird der Karton ein letztes Mal angehoben und in die Wohnung getragen.

Der Couchtisch erfuhr bereits eine Veränderung, und auch die Sitzelemente wurden von dem Tisch etwas abgerückt. Auf dem Ecktisch liegt nun eine Platte, die in ihren Maßen größer ist als der Tisch. Diese Platte hat auf ihrer Oberfläche einen sandfarbenen Bezug. Wer da nun glaubt, hier soll eine Modelleisenbahn aufgebaut werden, der irrt sich gewaltig.

Nun mache ich mich daran, den großen Karton wie in jedem Jahr zu öffnen. Maxi ist ganz aufgeregt. Immer wieder läuft sie um das riesige Paket herum. Doch gleich wird sie sicherlich sehr enttäuscht sein, wenn sie erkennen muß, daß da doch keine Hundeknochen drin sind.

Nun ist der Karton vollständig geöffnet, und auch meine Frau ist beim Auspacken behilflich. Zunächst kommt ein recht großes Teil zum Vorschein. Zu zweit heben wir es hoch und stellen es auf der Platte, die auf den Couchtisch gelegt wurde, ab. Es ist ein Stall. Es ist der Stall von Bethlehem in einer alpenländischen Ausführung. Bingo, ihr habt richtig geraten. Für diesen Nachmittag haben wir uns vorgenommen, die Weihnachtskrippe wieder aufzubauen. Es ist ein altes Familienstück, darum gehen wir auch mit allen Einzelteilen ganz behutsam um.

Mit den Händen ertasten wir die Position des Stalles und stellen fest, daß er korrekt auf der Platte steht. Das wäre also geschafft. In dem großen Karton befinden sich viele kleinere Päckchen. Jedes ist mit Blindenschrift versehen, so daß ich genau weiß, was ich da nun alles aus dem Karton herausfingere.

«Krippe mit Kind» steht da oder «Maria» oder «Joseph». Tatsächlich gilt mein Interesse zunächst mal der Heiligen Familie. Sie ist, wie sollte es anders sein, der Mittelpunkt des weihnachtlichen Geschehens. Alles bewegt sich um sie herum. Vorsichtig werden die einzelnen Teile ausgepackt, das Verpackungsmaterial geordnet und die Heilige Familie im Stall in die richtige Stellung gebracht. Frieren darf das Kind auf keinen Fall. Also suche ich auch nach dem «Ochsen» und dem «Esel», den Tieren also, die im Bereich der Krippe aufgestellt werden müssen, weil sie das Kind wärmen sollen. Über die Eingangstür zum Stall hänge ich noch den «Gloria-Engel», und schon ist der Bereich des Stalles von Bethlehem komplett eingerichtet.

Nachdem unsere Führhündin Maxi nun endgültig begriffen hat, daß es keine Sonderration zu fressen gibt und daß sich auch in dem großen Karton keine Knochen befinden, zieht sie sich auf ihre Bank – sprich einen großen alten Sessel – zurück. Das Aufbauen der Weihnachtskrippe ist bei uns jedesmal wieder mit einer Zeremonie vergleichbar. Wir haben ja Zeit.

Draußen ist es um diese Jahreszeit ziemlich kalt, so daß ohnehin an einen Spaziergang nicht zu denken ist. Meine Frau leidet an schwerem Asthma. Da ist nicht jede Witterung für einen Bummel in die Stadt geeignet.

Unsere Weihnachtskrippe ist etwas ganz Besonderes, und an ihr wollen wir uns für die Zeit bis zum Christfest und danach so richtig erfreuen. Also schenken wir ihr auch die gebührende Aufmerksamkeit.

Unser Wohnzimmertisch ist inzwischen gedeckt, den Tee und den Gewürzkuchen haben wir aus der Küche geholt und genießen diesen wunderschönen Nachmittag zu Hause.

Ein Schluck aus der Teetasse, ein Bissen vom Kuchen, und dann orientieren sich meine Hände wieder in Richtung des großen Kartons. Die Hirten waren die ersten, denen die Weihnachtsbotschaft von der Geburt des Jesuskindes verkündet wurde. Also vollziehe auch ich diese Reihenfolge nach und suche nach den Hirtenfiguren und den Schafen, einem Hund und dem Lagerfeuer. Die meisten Hirten bewegen sich in demütiger Haltung hin zum Stall. Einerseits hat sie die Botschaft von der Geburt des Messias, der die Welt aus der Finsternis entreißen soll, gewissermaßen befreit, denn die Sehnsucht der Menschen nach dem Erlöser war lange schon sehr groß. Auch kann es durchaus sein, daß sie sich beim Anblick des hellen Lichts, von dem ja in der Heiligen Schrift die Rede ist, zunächst einmal fürchteten. Sicherlich freuten sie sich aber auch, denn Gottes Wort, das ihnen der Engel verkündet hatte, sprach von Hoffnung und Liebe. Einer der Hirten, den ich mittlerweile auf die Platte stelle, richtet seinen Blick in die Ferne. Was war das wohl für ein phänomenaler Anblick, dieser Stern von Bethlehem?

Das Licht dieses Sterns war offenbar weithin sichtbar. So kamen Könige aus dem Morgenland, denen man ansehen kann, daß sie bereits einen weiten Weg hinter sich haben. Sie brachten Geschenke mit für das Kind im Stall: Gold, Weihrauch und

Myrrhe. Auch ihre Haltung ist, was man sonst von den Mächtigen dieser Welt nicht gerade behaupten kann, demütig. Da wäre noch von einem Kamel, einem Treiber und einem Elefanten zu sprechen. Die Tiere sind schwer beladen, und ihr Anblick flößt durchaus Respekt ein.

Als ich nun alle Figuren aufgestellt habe, die Krippe sozusagen Form bekommt, kann man den Ablauf dieses Ereignisses, das die Welt verändern sollte, nachvollziehen. Viele Menschen eilten hin zur Krippe. Sie alle folgten dem Ruf des Engels und waren voller Freude über die Botschaft dieser Nacht.

Die Figuren unserer Krippe sind aus Ahornholz gefertigt. Jedes Detail ist kunstvoll herausgearbeitet. Der Gesichtsausdruck der Hirten ist angesichts des Geschehens der Heiligen Nacht erwartungsvoll. Die Kleider haben ihre Falten, und jeder Finger und die Zehen der Figuren sind deutlich tastbar. Beinahe erwartet man, daß diese holzgeschnitzten Hirten, die Schafe, die Könige und Kamele sich plötzlich in Bewegung setzen und das Ereignis von damals uns – die Menschen von heute – noch einmal erleben lassen. Dann sind Maria und Joseph und das Jesuskind mitten unter uns. Wie sollte es zu Weihnachten auch anders sein.

Leider sind es so viele, die von der Botschaft des Weihnachtsfestes so unendlich weit entfernt sind.

Die Zahl derer, die bereit sind, einen Teil ihrer Freizeit in den Dienst hilfebedürftiger Mitmenschen zu stellen, ist jedoch leider nicht immer ausreichend. Ich möchte daher noch mehr Bürger des Landes dazu ermutigen, sich von Gottes Wort, der uns allen auch die Nächstenliebe ans Herz legt, angesprochen zu fühlen.

Ich erinnere hier an einen Appell unseres Bundespräsidenten Roman Herzog, ehrenamtlichen Einsatz für die schwachen Glieder der Gesellschaft wichtig zu nehmen:

«Unsere Gesellschaft wäre ohne ehrenamtlich tätige Menschen nicht nur ärmer und kälter, sondern sie wäre auch weniger funktionsfähig. Sie ist in Zukunft mehr denn je auf die freiwillige und ehrenamtliche Mitarbeit von Männern und Frauen aus allen Generationen angewiesen.»

Wir hatten uns für den Heiligen Abend vorgenommen, die Christmette in unserer Kirchengemeinde zu besuchen. Die Kirche ist zwar im Verhältnis zur Bevölkerung der Gemeinde etwas zu groß geraten, doch am Heiligen Abend ist das Gotteshaus stets sehr gut besucht. Auch in der Kirche wurde eine Krippe aufgebaut. Um diese Krippe herum schart sich die Gemeinde und feiert zusammen Weihnachten. Sie wird von einem sanften Licht angestrahlt, und an der Decke wurde ein leuchtender Stern angebracht. Er spricht wie vor 2000 Jahren zu uns und fordert uns auf, ihm nach Bethlehem zu folgen. Gott ist das uns alle durchdringende Licht, und wenn wir die Hand des Jesuskindes in der Krippe ergreifen, dann sind wir auf dem Weg zum Herrn.

Nach dem Gottesdienst am Heiligen Abend wünschen sich die Menschen draußen auf dem Platz vor der Kirche ein frohes Fest. Tatsächlich fragen auch uns einzelne Kirchenbesucher nach dem Befinden, wie es uns denn geht, oder danach, wie wir die Feiertage verbringen werden. Am zweiten Weihnachtstag – und so ist es schon Tradition bei uns – besuchen wir einige gute Bekannte, die uns in dem nun fast abgelaufenen Jahr auf die eine oder andere Weise hilfreich zur Seite standen, um diesen ebenfalls ein frohes Fest zu wünschen und ihnen ein kleines Dankeschön – sprich Geschenk – zu überreichen.

Ich denke, es sind tausend Kleinigkeiten, die das Leben lebenswerter machen können. Wir müssen sie nur erkennen, um selbst Freude am Leben haben zu können, und wir können viel dazu beitragen, daß auch andere Menschen solche Freude erfahren.

*Wilhelmine Freier*

# Der Puppenwagen

Weihnachten 1944 verbrachte ich als Schulkind mit vielen anderen Kindern der Kinderlandverschickung in Ramsau in der Steiermark, weit weg von meinen Eltern und Geschwistern. Wir wohnten hoch oben in den Bergen unter dem Dachstein in einem großen alten Bauernhaus. Vom Krieg hörten wir nicht viel. Wenn wir draußen waren und Flugzeuge in Sicht kamen, warfen wir uns in den Schnee. Wir schliefen im ersten Stock in doppelstöckigen Betten mit blau-weiß karierter Bettwäsche. Die Zimmer waren nicht beheizt. Es war so kalt, daß dicke Eisblumen den Blick auf die Berge versperrten. Aber unten in der Bauernstube verbreitete ein mächtiger grüner Kachelofen eine angenehme Wärme. Als Festessen gab es Hühnersuppe mit Nudeln aus Pfannkuchenstreifen.

Es gab keine Geschenke, nur ein paar Plätzchen, die die Bauersfrau gebacken hatte. Die Stimmung der Kinder und auch der Betreuerinnen war traurig und bedrückt.

Ich dachte an das letzte Weihnachtsfest zu Hause vor einem Jahr in unserem Dorf am Fuße der Hohen Tatra. Den Nachmittag hatte ich bei meiner Großmutter verbracht, es gab frischgebackenen Mohnkuchen. Ich wartete sehnsüchtig auf das Christkind, aber das sollte erst abends kommen. Inzwischen erzählte meine Großmutter Märchen, und wir sangen Weihnachtslieder, die ich im Kindergarten gelernt hatte.

Endlich, als es dunkel wurde, versammelte sich die ganze Familie im Wohnzimmer. Staunend blieb ich im Türrahmen stehen. Im Zimmer war es dämmrig, aber in der Ecke stand ein großer Weihnachtsbaum mit brennenden Kerzen, silbernen Kugeln, und ganz oben funkelte eine silberne Spitze. Er verbreitete ein geheimnisvolles Licht. Mein Vater, meine beiden

Schwestern und ich setzten uns um den Tisch und warteten auf das Christkind. Meine Mutter war nicht im Zimmer. Dann hörten wir das Weihnachtsglöckchen bimmeln. Langsam ging die Tür einen Spaltbreit auf, und kleine Päckchen purzelten über die Schwelle. «Das ist das Christkind», flüsterte meine ältere Schwester.

Wie gebannt starrte ich auf das seltsame Schauspiel. Meine Freude war riesengroß, als ein Puppenwagen mit Puppe und Kissen vorsichtig von einer weißen Hand hereingeschoben wurde. Es muß die Hand vom Christkind gewesen sein, dachte ich damals. Später wußte ich, es war die Hand meiner Mutter!

*Michael Walter*

## Der verspätete Gast – oder Professor Carringtons Realismus

Weihnachten ohne Gespenstergeschichten? Für Mrs. Johnes undenkbar. Unheimliche Weihnachtsgeschichten gehörten für sie zum Fest dazu und waren in ihrem Haus bereits Tradition. Wenn man die alte Dame fragte, weshalb sie eine solche Vorliebe für dieses Genre hatte, antwortete sie:

«Die Advents- und Weihnachtszeit ist nun einmal die geheimnisvollste Zeit und voller Mysterien. Die Realität können wir jeden Tag haben, aber sagen Sie selbst, ist es nicht gerade das Irreale, das Außergewöhnliche, das uns am meisten interessiert?»

Mit diesem Interesse stand Mrs. Johnes keineswegs allein da. Jedes Jahr zu Weihnachten versammelte die ansonsten einsame alte Dame, die keine direkten Angehörigen mehr hatte, vier Gleichgesinnte um sich. Da waren zum einen die beiden Schwestern Sampson, die bis zu ihrer Pensionierung vor einigen Jahren als Lehrerinnen an einer Grundschule tätig gewesen waren; Mr. Finton, der auch schon das achte Lebensjahrzehnt erreicht hatte, aber immer noch in seinem Buchladen in einem Londoner Vorort stand und von daher sozusagen an der Quelle saß, was die neuesten auf dem Büchermarkt erscheinenden Gespenstergeschichten betraf.

Und schließlich war da noch Mr. Carrington, Professor an einer Universität für Parapsychologie i. R., der dafür bekannt war, daß er die realistischsten Geistergeschichten zu erzählen wußte.

Sie alle kamen aus dem Londoner Umland und trafen sich schon seit Jahren am Heiligabend im Hause der reichen Mrs. Johnes, die das Weihnachtsfest für sich und die vier Freunde stets mit Liebe und Hingabe vorbereitete bzw. von ihrem Personal ausrichten ließ.

So zog mit den verschiedenen weihnachtlichen Düften eine ganz besondere Stimmung durch das Haus, die allein in diesem Jahr dadurch getrübt wurde, daß ein Gast fehlte.

«Wo nur Professor Carrington bleibt», sagte Mrs. Johnes voller Besorgnis. «So hat er sich noch nie verspätet.»

«Das ist wohl wahr», stimmten die beiden Lehrerinnen ihr zu. «Aber er ist auch noch nie hierher geflogen.»

Professor Carrington hatte von allen den weitesten Weg zu Mrs. Johnes, weshalb er auch (da er ein vielbeschäftigter Mann war) nie vor der Bescherung, spätestens jedoch zum Essen eintraf. Mrs. Johnes hatte ihm schon viele Male angeboten, ihr Privatflugzeug in Anspruch zu nehmen, anstatt sich mit dem Auto durch den Londoner Heiligabendverkehr zu quälen, doch er hatte stets dankend abgelehnt.

«Sie kennen doch meine Flugangst», hatte er gesagt. «Nicht einmal die Queen persönlich könnte mich dazu bringen, in ein solches Ding, einen eisernen Vogel, einzusteigen.»

Mrs. Johnes' Beharrlichkeit hatte es dennoch geschafft: In diesem Jahr hatte der Professor das Angebot angenommen.

So erwartete man ihn zum erstenmal pünktlich zur Bescherung und war um so bestürzter, als er nicht kam und man sogar ohne ihn mit dem Weihnachtsessen beginnen mußte.

«Vielleicht hat er es sich doch wieder anders überlegt, als er Ihre Privatmaschine sah», bemerkte Mr. Finton.

«Das bezweifle ich», entgegnete Mrs. Johnes. «Professor Carrington ist zwar ein Mann mit Prinzipien, aber wenn er seine Meinung einmal geändert hat, bleibt er auch bei der Änderung. Er wird kommen, das habe ich im Gefühl.»

Die Zeit verstrich, und es näherte sich die Stunde vor Mitternacht, in der man sich in das Kaminzimmer zurückzog, um sich bei Weihnachtstee gegenseitig die Gespenstergeschichten zu erzählen und darüber wissenschaftlich zu diskutieren.

Diese weihnachtliche Geisterstunde stand jedesmal unter einem ganz bestimmten Thema, das bereits im Vorjahr festgelegt wurde, damit jeder der Beteiligten die Möglichkeit hatte, sich während des Jahres Gedanken darüber zu machen. Auch war der Ablauf der Stunde, das «Programm», stets gleich:

Die beiden Lehrerinnen, die Englisch und Geschichte unterrichtet hatten und darüber hinaus ein erzählerisches Talent besaßen, lasen eine selbstgeschriebene Geschichte zu dem Thema vor, die anschließend diskutiert wurde. Mr. Finton durchstöberte seine Bibliothek und die Buchneuerscheinungslisten, um die passende Literatur dazu zu finden. Professor Carrington begab sich dann in das Archiv seiner alten Universität und forschte nach ähnlichen Fällen, die dort zu dem Thema bekannt waren.

Auch er hatte ein großes erzählerisches Talent, und bei seinen Geschichten konnte keiner der Zuhörer genau sagen, ob es sich nur um eine erdachte Geschichte oder um einen realistischen Bericht handelte. Meistens verwob er beides miteinander. Und diese Verknüpfungstechnik beherrschte er so perfekt, daß sie im Hause der Mrs. Johnes schon eine Kunstgattung für sich war und Professor Carringtons Realismus genannt wurde.

Doch diesmal fehlte der Professor. Er kam einfach nicht.

«Wir haben uns durchgerungen, ohne den Professor zu speisen», stellte Mrs. Johnes fest. «Sollten wir uns nun dazu durchringen, ohne ihn mit unserer Geisterstunde zu beginnen?»

Das Feuer im Kaminzimmer schaffte eine Stimmung, wie sie für Geistergeschichten prädestiniert war: Das Holz ächzte und knisterte unter den gefräßigen Flammen, die ihre wohlige Wärme im ganzen Raum verbreiteten und mit ihrem Licht geheimnisvolle Schattenbilder malten. Die fünf Sessel, die halbkreisförmig um den Kamin standen, waren – bis auf einen – besetzt. Der Stammplatz von Professor Carrington blieb weiterhin leer ...

Die beiden Lehrerinnen und Mr. Finton drängten die Hausherrin, endlich etwas zu unternehmen und nach dem Verbleib von Professor Carrington zu forschen, doch Mrs. Johnes beharrte auf ihrem Gefühl, daß der Professor noch kommen würde. «Lassen Sie uns die Geisterstunde beginnen», sagte sie.

«Ohne den Professor kann ich mich nicht konzentrieren», sagte Miss H. Sampson.

«Fürchten Sie nicht um Ihre Konzentration, Miss Sampson, ich komme ja schon.»

«Professor Carrington!»

Die Anwesenden saßen stocksteif in ihren Sesseln und blickten zur Tür des Kaminzimmers, in deren Öffnung ein großer, hagerer, grauhaariger Mann stand.

«Professor, ich wußte, daß Sie kommen würden», rief Mrs. Johnes mit vor Freude und Erleichterung zitternder Stimme aus. «Dem Himmel sei Dank, daß Sie da sind.»

«Ich muß mich bei Ihnen allen für meine Verspätung entschuldigen», sagte Professor Carrington und nahm in dem noch freien Sessel Platz. «Den Grund werden Sie später erfahren, wenn ich Ihnen meine Geschichte erzählt habe.»

«Oh, machen Sie es doch nicht so spannend», riefen die drei anwesenden Damen fast gleichzeitig aus, während Mr. Finton lächelnd zum Professor hinüberblickte. Die beiden Herren bildeten sozusagen die Pfosten des Halbkreises, während die Damen in seiner Rundung saßen.

«Es ist mir sowieso schon peinlich genug, daß ich mich so verspätet habe», sagte der Professor. «Nun möchte ich unsere Geisterstunde nicht noch durch lange Erklärungen verzögern und bitte deshalb die Dame des Hauses darum, mit der Stunde auch so zu beginnen.» Damit lehnte er sich in seinem Sessel zurück und blickte erwartungsvoll zu Mrs. Johnes.

«Ihrem Antrag wird stattgegeben», sagte diese. «Nun, so begrüße ich alle Anwesenden nochmals recht herzlich, wünsche allen eine frohe Weihnacht und erkläre hiermit die Gespensterstunde für eröffnet. – Unser diesjähriges Thema war, wenn ich mich recht entsinne, die Frage, ob Geister selbst wissen, daß sie Geister sind.»

«Das ist eine sehr interessante Frage», sagte Mr. Finton. «Und ich habe das Jahr dazu benutzt, ihr nachzugehen. Wir hatten, glaube ich, in den vergangenen Jahren immer wieder die verschiedensten Theorien über Geistererscheinungen diskutiert und wollten uns mit unserem diesjährigen Thema ja ausschließlich mit der Theorie befassen, die besagt, daß es sich bei Geistererscheinungen um die sichtbare Seele der Menschen handelt, die im Jenseits keinen Frieden findet, weil im Diesseits etwas unerledigt geblieben ist.»

«Sehr richtig», sagte Mrs. Johnes. «Doch wollen wir zunächst die Geschichte von Miss J. und Miss H. Sampson dazu hören.»

In den folgenden Minuten las Miss Jenny Sampson, die ältere der beiden Schwestern die Gespenstergeschichte vor, die allseits mit Beifall aufgenommen wurde. Danach diskutierte man über das Thema, bis schließlich Professor Carrington sagte:

«Also, ich bin zu der festen Überzeugung gelangt, daß Geister ganz genau wissen, wie es um sie steht, daß ihr Körper tot ist.»

«Worauf stützen Sie Ihre Überzeugung?» fragte Mrs. Johnes.

«Lassen Sie mich folgende Geschichte erzählen, um meine Behauptung zu untermauern.»

«Ist es Ihre realistische Geschichte?»

«Ja», sagte Professor Carrington gedehnt. «Ich denke, sie wird Ihnen allen als Freunde von guten Geistergeschichten gefallen, vielleicht gerade, weil Ihnen der Schluß nicht gefallen wird.»

«Wir sind gespannt», sagte Mr. Finton.

«Die Geschichte», begann der Professor, «handelt von einem Mann, der unter großer Flugangst litt.»

«Oh, nein!» rief Mrs. Johnes aus. «Es ist doch nicht etwa Ihre eigene Geschichte?»

«Es ist wieder Professor Carringtons Realismus», flüsterte Helen Sampson ihrer Schwester zu.

Der Professor reagierte nicht auf die Bemerkungen seiner Zuhörerinnen und fuhr fort: «Schon seit Jahren fuhr der Mann vom nördlichen Umland Londons mitten durch London hindurch bis in das südliche Umland, wo er jedes Jahr zum Heiligabend zu einer Feier eingeladen war. Da er ein vielbeschäftigter Mann und der Weg doch recht umständlich war, kam er immer als letzter Gast. Aus diesem Grund hatte ihm die Gastgeberin schon viele Male angeboten, ihn von ihrem Privatflugzeug abholen zu lassen, doch hatte der Mann jedesmal abgelehnt. Seine Flugangst war zu groß. In einem Jahr jedoch dachte er sich: ‹Ich kann nicht ewig vor meiner Angst davonlaufen.› Und da er im Grunde eine starke Persönlichkeit war, wollte er seine Angst dadurch überwinden, daß er sich ihr stellte. So stieg er klopfenden Herzens zu dem Piloten in die Maschine. Der Start ging gut, der Mann fühlte sich großartig und glaubte, seine Angst schon überwunden zu haben. Dann kam die

Schlechtwetterwand. Sie flogen bereits über die Felder der Grafschaft, in der sich das Haus der Gastgeberin des Mannes befand. Dann hörte er, wie der Pilot schrie: ‹Wir stürzen ab!›

Dann wurde plötzlich alles anders. Er fühlte sich leicht, glaubte zu schweben. Es war ein herrliches Gefühl. Und ab diesem Zeitpunkt wußte er genau, was er sehen würde, wenn er jetzt nach unten blickte. Er wußte, daß er …

Aber es ging ihm gut. Ja, es ging ihm wirklich gut. Doch schon bald wich dieses schöne Gefühl einer Schwere, die sich ihm ums Herz legte. Er dachte: ‹Ich muß dringend zu der Weihnachtsfeier und der Gastgeberin mitteilen, daß es mir gutgeht.› Natürlich kam er zu spät, aber er konnte noch am Rest der Feier teilnehmen.» Professor Carrington lächelte genauso hinterlistig, wie er es immer tat, wenn er wußte, daß er mit seiner realistischen Gespenstergeschichte den gewünschten Effekt erzielt hatte. Da er nicht mehr weitersprach, fragte Mr. Finton:

«Das war's?»

«Ja. Das war meine Geschichte.»

«Und der Schluß?»

«Wird sich noch herausstellen …»

Die Anwesenden blickten alle gleichzeitig auf den Boden oder in eine andere Richtung, nur nicht zu Professor Carrington. Seine Geschichte hatte ihnen diesmal überhaupt nicht gefallen. Und nun standen sie vor dem Problem, dies dem Professor, den sie als Freund sehr schätzten, sagen zu müssen. Es war Mrs. Johnes, die als erste wieder Worte fand: «Professor, es tut mir leid, Ihnen das sagen zu müssen, aber Ihr diesjähriger Realismus war mir eine Spur zu realistisch.» Während dieser Worte hatte sie noch mit einer Mischung aus Verlegenheit und Mißfallen zu Boden gesehen. Nun richtete sie ihre Blicke auf den Professor. Zumindest hatte sie vor, dies zu tun. Aber es gelang ihr nicht. Denn ihre Blicke trafen nicht den Professor, sondern seinen leeren Platz …

Sekunden später bemerkten sie und alle anderen, wie die Tür zum Kaminzimmer langsam wieder ins Schloß fiel.

Die beiden Lehrerinnen klatschten Beifall. «Das war ein grandioser Auftritt, Professor. Wirklich großartig», sagte Helen Sampson, und ihre ältere Schwester fügte hinzu: «Ich weiß zwar nicht, wie Sie es gemacht haben, einfach zu verschwinden, ohne daß wir es bemerkt haben, aber Sie können jetzt ruhig wieder hereinkommen.»

«Professor Carrington! Hallo!» rief Miss Helen Sampson. «Die Geisterstunde ist nun vorbei. Kommen Sie bitte wieder herein.»

«Seien Sie doch mal still!» herrschte Mr. Finton sie flüsternd an.

«Irgend etwas stimmt hier nicht», bemerkte Mrs. Johnes. «Ich habe das komische Gefühl, daß ...»

In diesem Moment schaltete sich das auf dem Kaminsims stehende Radio ein. Es war kurz nach 01:00 Uhr.

*«... Und hier noch eine traurige Meldung zum Christfest»*, sagte die Stimme des Nachrichtensprechers. *«Soeben wurde uns mitgeteilt, daß eine Privatmaschine über der Grafschaft ... abgestürzt ist. Der Pilot und sein Passagier kamen dabei ums Leben ...»*

«Da haben wir den Beweis», sagte Mr. Finton.

«Welchen Beweis?» fragte Mrs. Johnes.

«Das war Professor Carringtons realistischster Realismus.»

«Und sein letzter», seufzte Miss Helen Sampson.

Und Mrs. Johnes fiel in eine gnädige Ohnmacht.

*Gerhard Bröhl*

# Naim

Naim kommt aus dem Kosovo. Er ist zehn Jahre alt und geht in die Schulklasse meines Sohnes, nachdem er in ein Aussiedlerheim in unserer Nähe gezogen ist.

Mein Sohn spielt begeistert Fußball und ist ein großer Fan von Tennis Borussia Berlin. Auch Naim interessierte sich für Fußball und ging bald zum Training des Fußballvereins, für den mein Sohn spielt, mit.

In der Vorweihnachtszeit trat er dem Verein bei. Er engagierte sich beim Training und durfte bei einem Freundschafts-Hallenturnier mitspielen. Die meisten Gespräche drehten sich nun um Fußballthemen.

Da die Kinder im Verein während ihres Trainings alle richtige Trikots ihrer Lieblingsvereine tragen, fiel er beim ersten Training mit seinem T-Shirt auf. Da borgte ihm mein Sohn sein Bayern-München-Trikot, das er fortan auch immer trug. Der Wunsch, ein eigenes Trikot zu besitzen, wuchs in ihm.

Vor Weihnachten erlebte er eine Enttäuschung. Bei der Weihnachtsfeier des Vereins gab es für alle Kinder neue Trainingsanzüge mit dem Namensschriftzug. Da er jedoch erst kurz vorher eingetreten war, wurde sein Anzug nachbestellt und war zur weihnachtlichen Vereinsfeier noch nicht fertig. Er wußte es vorher, und doch saß ihm ein Kloß im Hals, als die anderen Kinder ihre Trainingsanzüge erhielten und anzogen.

Zu Weihnachen gab es eine erneute Enttäuschung. Der Heilige Abend kam, und sein Wunsch, ein eigenes Trikot zu erhalten, erfüllte sich nicht. Seine Familie lebt von der Sozialhilfe und konnte es sich nicht, wie die Wohlstandskinder um ihn herum, leisten, ihm ein doch recht teures Trikot zu kaufen.

Vom Heim erhielt er Bücher und eine Figur, die nicht seinem Alter entsprachen, was er gar nicht gern erzählte, um nicht wegen der «Babysachen» von anderen Kindern belächelt zu werden.

Auch beim nächsten Training war sein Anzug, der ja noch mit seinem Namenszug versehen werden mußte, nicht fertig. Die Tatsache, daß er ein weiteres Trikot geborgt bekam, konnte die Enttäuschung kaum mindern.

Jetzt ergriff meine Frau die Initiative. Sie rief in der Geschäftsstelle von TeBe Berlin, wo sie jemand kannte, an und schilderte Naims Situation. Sie traf auf menschliches Verständnis und erhielt die Zusage, wenn sie mit Naim im Fanshop des Vereins vorbeikäme, einen TeBe-Fanartikel für ihn zu erhalten.

Vor dem nächsten Training, das neue Jahr hatte gerade begonnen, fuhr sie mit ihm hin. Er freute sich den ganzen Weg über, daß er etwas von seinem Lieblingsverein bekommen sollte. Als sie ankamen, gab es eine große Überraschung. Der Leiter des Fanshops hatte sich Naims sehnlichsten Wunsch zu Herzen gehen lassen, und so erhielt er von TeBe ein Originaltrikot in Kindergröße.

Er war sprachlos – konnte sich kaum mehr bedanken. Seine Augen waren geweitet und noch dunkler als sonst. Aufgeregt zog er sein Trikot an und zog es weder während der Rückfahrt, des Trainings noch danach aus.

Stolz präsentierte er es beim Fußballspiel, bei seiner Familie, im Aussiedlerheim und auch in der Schule. Hier trug er es auch zum Turnunterricht.

Er konnte es kaum fassen, daß sein größter Weihnachtswunsch – wenn auch etwas verspätet – in Erfüllung gegangen war. Er und wohl auch wir werden dieses Weihnachten und das gerade begonnene Jahr so schnell nicht vergessen.

*Gerhard Bröhl*

# Weihnachtswunschzettel 2000

*Liebes Christkind, lieber Weihnachtsmann, ich wünsche mir*

*einen neuen Fußball*
*berauschende Erlebnisse*
*Gesundheit*
*ein Abenteuerbuch*
*groß rauszukommen*
*Zufriedenheit*
*eine spannende Kassette*
*neue Klamotten*
*Ruhe*
*ein Meerschweinchen*
*geliebt zu werden*
*Liebe.*

*Wir wünschen uns Freunde und genug Geld,*
*Frieden in der Familie – Frieden in der Welt,*
*die Fähigkeit zu genießen,*
*daß Kinder nicht mißbraucht werden,*
*Bescheidenheit und Arbeit,*
*tolerant zu sein und hilfsbereit,*

*vielleicht auch einfach nur: menschlich zu sein*
*und menschlich zu bleiben –*

*ein freudiges, besinnliches Weihnachtsfest!*

*PS: Seid nicht böse, daß wir uns soviel wünschen – viele Wünsche sind ja auch für Euch . . .*

*Heidi Haimerl*

## Ein Stern wird uns erleuchten

Ein Stern wird uns erleuchten,
uns führen aus der Dunkelheit,
einkehren in die Herzen,
erfüllen sie mit Fröhlichkeit.

Ein Stern wird uns bald trösten,
in manch einsamer, dunkler Nacht,
weil über jeden Menschen
ein Schutzengel liebevoll wacht.

Ein Stern wird Wunden heilen,
verschenken seine Helligkeit,
drum öffnet eure Herzen,
laßt ein das Licht der Weihnachtszeit.

*Marianne Watzke*

## Christrosen

Jedes Jahr in der Weihnachtszeit erblühen sie, selbst Eis und Schnee können sie nicht davon abhalten, ihre schimmernden weißen Blüten zu entfalten.

Ich möchte von einer alten Frau erzählen, die jeden Tag zur Frühmesse in unsere Dorfkirche kam. Sie lebte auf einem einsamen Bauerngehöft, inmitten von Wiesen und Feldern. Im Frühling und Sommer war das alte Bauernhaus umgeben von einer Blütenpracht ohnegleichen, ganze Hänge voller Himmelsschlüssel und Schneeglöckchen, blühende Kirsch- und

Apfelbäume im Garten und auf den Wiesen. Im Sommer gab es Beeren in Hülle und Fülle. Für mich war es ein Stück Paradies. Der alte knorrige Walnußbaum vor dem Haus spendete Schatten, und ganze Vogelkolonien zwitscherten in der mächtigen grünen Krone. Alle Arten von Heilkräutern fand man dort – ja, diese Bäuerin hatte es verstanden, sich in ihrer neuen Heimat eine blühende grüne Oase zu schaffen. Sie kam aus einer kleinen Stadt im Hochsauerland, und es muß für sie nicht leicht gewesen sein, nun dort zu leben, wo sich Hase und Fuchs gute Nacht sagen. Sie brachte zehn Kinder zur Welt und hatte ein schweres, arbeitsreiches Leben.

Aus ihrer Heimat hatte sie einige schöne Stauden und Blumen mitgebracht, denn sie war eine begeisterte Gärtnerin. Das Kostbarste aber war eine Christrose, die sie besonders liebte.

Am Tag vor dem Heiligen Abend brachte sie mir viele Jahre ein Sträußchen mit, wenn sie durch die morgendliche Dunkelheit den weiten Weg zur Kirche machte. Manches Mal waren die Blüten starr von der eisigen Kälte, genau wie die alte Frau selbst. Meine Mutter brachte sie dann nach der Messe mit zu uns. Ich hatte schon den Frühstückstisch liebevoll gedeckt, und der Kaffee duftete durchs Haus. Die alte Bäuerin kam nämlich nüchtern zur Heiligen Messe – das war damals noch üblich –, und sie hatte einen Fußweg von einer halben Stunde zu machen.

Die Christrosen bekamen einen Ehrenplatz im Wohnzimmer. Ich stellte sie mit einigen Tannenzweigen in eine Kristallschale. Mit ihnen kam erst die richtige Weihnachtsfreude auf.

Das alles liegt mehr als fünfzig Jahre zurück. Damit ich mich immer dankbar an diese starke, wunderbare Frau und ihre Christrose erinnere, habe ich selbst eine in meinen Garten gepflanzt. Immer zur Weihnachtszeit erblüht sie in voller Schönheit, auch in Schnee und Eis – ein Wunder der Heiligen Nacht.

*Claudia van Nahmen*

# Little friend of all the world

Liebe Anette,

kaum zu glauben! Schon wieder ist es Weihnachtszeit, wo ist das Jahr geblieben? – Leider sind wir beide beruflich so eingespannt, daß wir unser alljährliches traditionelles Treffen auf dem Bonner Weihnachtsmarkt mit Reibekuchen und Glühwein ausfallen lassen müssen. Wie schön wäre es jetzt, wenn wir warm eingepackt mit dampfendem Glühwein an unserem Lieblingsstand «festwachsen» und uns Geschichten erzählen könnten. Weihnachten ist die Zeit, in der Erinnerungen hervorgeholt werden. Lustige, traurige, besinnliche ... Eine Geschichte, in der von allem etwas vorkommt, möchte ich Dir heute erzählen, denn unser liebgewonnener Brauch, sich eine Weihnachtsgeschichte zu erzählen, darf auf keinen Fall vernachlässigt werden!

Ich möchte Dir vom Kater Garfield erzählen. Da Du inzwischen selbst stolze Katzenmutter bist, dürfte Dich diese Geschichte interessieren. Am besten, Du machst Dir eine Tasse Glühwein, kuschelst Dich ein – und packst Dir eine Deiner beiden Katzen auf den Schoß. – Kann ich anfangen? Gut!

Es war der erste Advent vor zwölf Jahren und bitterkalt. Übers Wochenende fuhr ich zu meinen Eltern. Meine Mutter hatte die Wohnung schon liebevoll geschmückt, es duftete nach Plätzchen und Kaffee. Wir zündeten die erste Kerze am Adventskranz an und genossen unser Beisammensein. Wir erzählten uns, wie könnte es anders sein, Geschichten von früher, als sich noch viele Haustiere bei uns tummelten: Meerschweinchen, Schildkröten, ja sogar weiße Mäuse. Aus dieser Zeit waren uns zwei Nymphensittiche geblieben, die zufrieden in ihrem Käfig saßen und ausnahmsweise leise vor sich hin zwitscherten. «Na ja», versuchte ich meine Eltern aus der Reserve zu locken, «etwas Größeres, vielleicht eine Katze oder ein Hund, wäre doch auch nicht übel.» – «Oh, Gott, bloß nicht!» wehrte meine Mutter entsetzt ab, «an wem bleibt die ganze Arbeit dann hängen? Dein Vater ist den ganzen Tag außer Haus, und du arbeitest in W. Nein!» Sie begann den Kaffeetisch abzuräumen. Das Thema war erledigt. Mein Vater und ich blieben noch sitzen, schauten in die Dämmerung hinaus; es begann ganz sacht zu schneien. Da! Plötzlich huschte ein kleiner dunkler Schatten an der Terrassentür vorbei – und wieder. Wir blickten uns an, und mein Vater sagte: «Die kommt öfters vorbei.» – «Wer, die?» – «Eine Katze, ziemlich dünn und scheu.» Ich ging zur Terrassentür, an der die Katze bereits zu warten schien. Jetzt wurde es spannend! Mein Vater faßte mich am Arm. «Hör mal, Tochter, wenn sie nur eine Pfote in die Wohnung setzt, dann ist die Katze drin. Verstehst du? DRIN! So einen Hinz kriegt man nicht mehr los!» Wir blickten vorsichtig Richtung Küche: Mutter war beschäftigt, es konnte losgehen. Wir öffneten die Terrassentür, und gar nicht scheu setzte die Katze ein Pfötchen auf den Teppich, blickte uns fragend an – und marschierte zielbewußt ins Eßzimmer. Mein Vater lächelte nur. «Ist die häßlich», entfuhr es meiner Mutter, die dazugekommen war. «Sie ist ein Kater», sagte mein Vater, der fröhlich eine Turnübung veranstaltete, um festzustellen, welchem Geschlecht das gute Tier angehörte. «Garfield», flüsterte ich gerührt und streichelte ihn behutsam. Weiß der Himmel, woher meine Mutter plötzlich diese Dose Katzenfutter zauberte. Hatte sie den Kater vielleicht schon heimlich gefüttert? Während sich Garfield genüßlich über seine Mahlzeit hermachte, konnten wir ihn näher betrachten: Er hatte ein blaugraues Fell und wunderschöne gelb-grüne Augen. «Herausgefüttert und gepflegt, wird er eine Schönheit werden», murmelte meine Mutter versonnen. Wir kicherten und ernannten sie zum «Dosenöffner des Tages». Garfield schritt würdevoll von einem zum anderen, rieb seinen Kopf an unseren Beinen, mit anderen Worten: Er adoptierte uns. Er inspizierte den zum Katzenklo umfunktionierten Meerschweinchenkäfig und dann die ganze Wohnung. Danach verschwand er mit meinem Vater im Wohnzimmer, sprang elegant zu ihm aufs Sofa und war ab diesem Moment *sein* Kater. «Little friend of all the world», nannte Vater ihn zärtlich nach einer Geschichte von R. Kipling. Anette, die beiden boten einen hinreißenden Anblick! Du kannst Dir vorstellen, daß Frank und ich bis Weihnachten jedes Wochenende bei meinen Eltern verbrachten. Es war aber auch zu schön! Garfield, der inzwischen prächtig aussah, war völlig auf meinen Vater geprägt. Früh am Morgen wurde unser Katerchen aus dem Keller heraufgeholt, wo er meist die Nacht verbracht hatte. Sofort wartete er entweder vor der Schlafzimmertür oder vor dem Badezimmer, um meinen Vater zu begrüßen und ihm wie ein kleiner Schatten zum Frühstück zu folgen. – Ging mein Vater dann zum Dienst, verließ auch Garfield das Haus. Mittags oder abends kehrte er zurück. Die Rückkehr meines Vaters kündigte er uns Minuten vorher mit kleinen nervösen Schritten an. Garfield brachte uns soviel Fröhlichkeit und Wärme ins Haus. Wir verlebten eine wunderschöne «Katzenweihnacht» zusammen. Leider enden aber auch schöne Geschichten irgendwann einmal. Du ahnst es, liebe Anette. An einem kalten Abend im Februar kehrte mein Vater von einem Waldspaziergang mit einem Freund nicht mehr zurück. Nicht nur meine Mutter und ich verloren unsere Basis, unseren Mittelpunkt. Auch Garfield verstand die Welt nicht mehr. Wartend saß er vor der Schlafzimmertür, vor dem Badezimmer ... Einige Tage später, kurz nach der Beerdigung meines Vaters, an einem eisigen, strahlend schönen Wintermorgen, wollte Garfield hinausgelassen werden. Er spazierte in den Schnee hinaus, blieb stehen, drehte sein Köpfchen, blickte uns an und ging. Wir sahen ihn nie wieder.

Die Tränen dieser Zeit sind getrocknet, der Kummer ist leiser geworden. Geblieben ist eine wunderschöne Erinnerung, an der ich mich – gerade in der kalten Jahreszeit – gerne wärme. – Ehrensache, daß uns Katzen seitdem nicht mehr «ausgehen».

In diesem Sinne umarme ich Dich und wünsche Dir mit der schnurrenden Diva Alexis eine friedliche (Katzen-)Weihnacht!

Deine C.

*Gerda Rahn-v. Sagunski*

## Träume im Advent!

Draußen ist es dunkel. Ein kleines Mädchen sitzt am Fenster, schaut sehnsüchtig hinaus und wartet auf die Straßenbahn. Zwei Wagen führt sie mit, einen dritten, das ist eine Lore, ein Anhänger, und darauf prangt ein festlich geschmückter Weihnachtsbaum.

Das Mädchen beginnt zu träumen. Es träumt vom Weihnachtsfest, vom Lichterglanz und den Geschenken, träumt auch, wie es wäre, läge auf dem Weihnachtstisch die lang ersehnte Puppe, eine Käthe-Kruse-Puppe oder gar ein Paar Skier.

Die Landschaft trägt ein weißes Kleid, dicker Schnee liegt auf den Dächern, und kerzengerade steigt der weiße Rauch aus den Schornsteinen. Unter der Last des Schnees beugen sich Baum und Sträucher. Es ist kalt.

Drinnen aber in seinem Herzen spürt es eine wohlige Wärme, eine Wärme, die alles andere vergessen läßt.

Es ist Weihnachtszeit!

Freude will es geben, Freude empfangen.

Ach, wäre es doch nur erst Heiligabend!

Heiligabend, an dem das Bäumchen mit seinem Kerzenschein den Raum erhellt und wo vielleicht das Püppchen unter dem Baum ihr entgegenlacht!

Zweifel kommen auf. Es ist doch Krieg! Woher sollen denn all die Püppchen kommen, die sich sicher sehr viele andere Mädchen wünschen werden?

Alle Zweifel aber waren weggefegt, als der Baum im hellen Kerzenlicht erstrahlte und ein wonniges Püppchen dort lag. Allerdings war es nur eine Schildkrötenpuppe, aber das Puppenmütterchen nahm es in seine Arme und hatte es ebenso lieb wie eben die Käthe-Kruse-Puppe.

Aus dem kleinen Mädchen ist nun eine Oma geworden, eine Oma, die immer noch an keiner Käthe-Kruse-Puppe vorübergehen kann, ohne sie zu bewundern und ... auch ein wenig sie zu begehren!

*Werner Milstein*

## Die Kerze

Bisweilen gleichen unsere Erinnerungen Bruchstücken, die das Erlebte einfangen und festhalten und die sich im Rückblick wie in einem Kaleidoskop immer wieder neu zusammensetzen. Dabei ergänzen sich die Stücke, werden zu einem neuen Ganzen, bis sie bei der nächsten Drehung sich wieder ganz anders zusammenfügen, dem Ganzen und seinen Teilen einen neuen Zusammenhang und einen neuen Sinn geben.

Tief verschneit waren die Weihnachtstage gewesen, und der Schnee war an den Straßenrändern hoch zusammengeschoben: Rodelwetter, Schneemannwetter, die schönsten Voraussetzungen für eine Schneeballschlacht. Aber danach war mir nicht zumute und all den anderen aus meiner Schule auch nicht. Wir standen vor dem Haus mit dem Fachwerkgiebel und warteten. Es war kalt, eisig kalt, aber niemand wagte sich zu beklagen, niemand wagte auch nur irgend etwas zu sagen. Als dann die Tür aufging und der weiße Sarg auf den Leichenwagen gehoben wurde, hielten wir den Atem an. Ich stand ganz hinten, ich traute mich nicht, näher heranzugehen, und ich kann mich an kaum mehr erinnern als an den weißen Sarg, an die grausame Kälte, an das schwarze Pferd vor dem Wagen und daß es ein schier endloser Weg zum Friedhof war.

Ich weiß auch noch nicht einmal, wann und von wem ich die Nachricht erfahren hatte, und konnte es da nicht fassen – ein Kind von gerade zehn Jahren war ich –, und auch später konnte ich es nicht begreifen. Am Heiligabend, direkt vor der Bescherung, wenn sich die Kinder «schönmachen», wie man sagte, sich waschen oder baden und die guten Sachen anziehen, die die Mutter bereitgelegt hat, da geschah es, daß aus Unachtsamkeit die Heizsonne in die Wanne fiel, und das Mädchen – sie war elf Jahre alt – starb. Die Nachricht verbreitete sich wie ein Lauffeuer in unserem kleinen Dorf, das gerade einmal tausend Seelen zählte, wo es eine Kirche gab und zwei Kaufläden, dazu eine Volksschule, in deren drei Räumen die Klassen eins bis sieben aufgeteilt waren. Jeder kannte jeden, in der Schule erst recht und ganz genau. So war es für uns, als würde jemand aus der eigenen Familie fehlen. Durch die behütete Welt der Kindheit ging ein erster Riß.

Zwei Klassen in einem Schulraum, die dritte und die vierte Klasse saß zusammen und hörte und lernte und schwatzte. Ohrfeigen gab es und auch Nachsitzen. Und während wir an unseren Plätzen saßen und an den Bleistiften kauten, füllten sich unsere Blätter nur langsam mit der ungelenken Schrift. Fast an jeder Bank saß jemand nach und saß über seinen Rechenaufgaben. Manch einer träumte auch, denn es waren nur noch wenige Tage bis zu den Weihnachtsferien, und in meiner Phantasie malte ich mir schon aus, was ich alles am Heiligabend bekommen würde. So kam auch ich mit meiner Strafaufgabe nur stockend voran.

Mit einemmal kam sie durch die Tür, und während ihre um

nur ein Jahr ältere Schwester noch unschlüssig im Eingang stehenblieb, ging sie zielstrebig auf die Tafel zu. Der Lehrer, der von seinem Pult aus die Schülerinnen und Schüler beaufsichtigte, war ebenso sprachlos wie überrascht. Sie stand hinter ihm und schrieb munter die Rückseite der Tafel voll und wirkte dabei so fröhlich-vergnügt. Sie machte es in einer solch unbekümmerten und ausgelassenen Stimmung, daß selbst der Lehrer sich wie entwaffnet vorkam. Und vielleicht dachte er auch, was soll's, bald ist doch sowieso Weihnachten. Mit einem triumphierenden Blick verließ sie den Klassenraum, ihre ältere Schwester wie eine gute Freundin im Schlepptau. Sie hatte gewonnen, Verbündete waren wir geworden, sie und wir. Und als der Lehrer dann die Tafel umschlug, standen darauf die Lösungen der Rechenaufgaben.

Wir haben uns auf die Ferien gefreut, und einmal gehen auch sie zu Ende, zum Leidwesen aller Schülerinnen und Schüler. Aber dieses Mal? Wenn wir wieder im Klassenraum sitzen, zur Tafel sehen, den Blick durch das Zimmer schweifen lassen, bis er dann sein Ziel gefunden hat, ihren Platz, den leeren Platz ... Beklemmung machte sich in uns breit und blieb. Blieb, bis wir unsicher den Klassenraum betreten hatten, die Tafel sahen, vom Hausmeister für die kommende Schulzeit sauber geputzt, unsere Bänke und zuletzt auch ihren Platz. Da schlugen unsere Herzen schneller. Und womit niemand von uns gerechnet hatte, sich auch nicht hätte vorstellen können: Ihre ältere Schwester hatte an ihrem Platz eine Kerze aufgestellt. Sie brannte an diesem Tag und auch in der nächsten Zeit.

Das Dorf, in dem ich als Kind aufgewachsen bin, lag in einer sehr katholischen Gegend. Da ist es Brauch, am Allerheiligentag auf den Gräbern Lichter aufzustellen. Auf ihrem Platz aber brannte eine Weihnachtskerze. Und das haben wir alle begriffen, daß dieses Licht selbst in die tiefste Nacht hineinleuchtet. Diese Kerze blieb uns Erinnerung und Verheißung zugleich.

*Hille Lux*

# Das schönste Geschenk

Früher schneite es Weihnachten immer, jedenfalls in meiner Erinnerung. Ganz bestimmt schneite es an dem Weihnachten, als ich das schönste Geschenk erhielt.

Damals wohnten wir in einer Baracke an einem kleinen Tannenwald. Der Weg hieß «Achtern Knick», obwohl weit und breit kein Knick zu sehen war.

Es war der 24. Dezember. Der Schnee fiel in dichten großen Flocken. Die grüne Pumpe nahe der Tür trug längst eine weiße Haube und das Gatter am Weg ebenso. Ich drückte mir bis zum Dunkelwerden an der Fensterscheibe die Nase platt und schaute dem Gestöber zu. Morgen wollte ich einen Schneemann bauen, der sollte eine Wurzel als Nase haben und Augen und Mund aus Eierkohlen. Wenn der kalte Mann geschmolzen war, würde ich die Kohlen in den Schuppen zurücklegen. Als Flüchtling zählten wir jede einzelne und hatten keine für längere Spielereien übrig.

Mutter hatte an diesem Tag, wie auch die Tage vorher, heimliche Dinge verrichtet und mich am Nachmittag endgültig aus der Stube geschickt. Ich saß in der Kammer auf dem Strohsack, auf dem ich nachts schlief. Das Stroh darin war hart und pikte durch den rauhen Bezug. Wegen der Kälte hatte Mutter mich in mehrere graue Militärdecken gehüllt und einen am Herd gewärmten Ziegelstein an meine Füße geschoben.

Der Wind rüttelte an den schlecht verkitteten Scheiben und pustete durch die Ritzen. Ich fröstelte trotz Decken und Wärmestein, zerrte meine langen Strümpfe höher und umschlang mit den Armen meine Knie. Aufmerksam horchte ich auf die Geräusche im Nebenzimmer. Ein Gegenstand polterte zu Boden, Stimmen flüsterten, Teller und Töpfe klapperten.

Plötzlich wurde es still. Atemlos lauschte ich, aber nur der Wind pfiff ums Haus. Ja, und da war es. Ein feines «Bing, bing, bing», auf das ich so sehnsüchtig wartete, tönte von nebenan. Mutter öffnete die Kammertür. Sie läutete mit einer kleinen silbernen Glocke. Wie ein Engel stand sie im Türrahmen, mit wadenlangem Rock aus braunem Cordstoff, davor eine blau-weiß gestreifte Schürze gebunden. Ihre blonden Haare hatte sie im Nacken zusammengeschlungen. Ein heller Schein aus dem Raum hinter ihr umstrahlte sie. Ich schubste die Decke beiseite, sprang auf und faßte Mutters Hand. Meine kleine verschwand in ihrer warmen festen. Feierlich schritten wir in die Stube.

Die verrostete Kochhexe bullerte. Vergessen war mein Frösteln. In der Mitte des Raumes, auf dem alten ovalen Holztisch, stand, in einem verbeulten Aluminiumkochtopf befestigt, ein winziger Tannenbaum. In seinen Zweigen baumelten mehrere Strohsterne und einige Fäden Lametta. Fünf rote Kerzen, die in Klemmhaltern steckten, brannten. An der Spitze des Baumes schwebte ein fingergroßer Wachsengel, dessen linker Arm und Flügel weggeschmolzen waren. Auf dem Tisch, an den Topf gelehnt, saß eine Puppe aus hellem Zelluloid. Sie trug ein grau-rotes Häkelkleid und eine ebensolche Mütze. Die Wolle erinnerte mich an die kleinen Püppchen, die ich in der Adventszeit gefunden hatte. Sie waren aus solchen Fäden gebunden.

«Für dich, vom Weihnachtsmann», sagte Mutter zu mir und deutete auf die Puppe, «eben war er noch da.»

Meine Wangen glühten. Knirschten draußen nicht sich entfernende Schritte im Schnee? Ich glaubte fest an die Existenz des alten Mannes mit dem weißen Bart und roten Kapuzenmantel.

Vorsichtig nahm ich die Puppe in den Arm und wiegte sie. Im Zimmer roch es nach glimmenden Tannennadeln, Kuchen, den Mutter aus Kaffee-Ersatz backte, und Milchsuppe, die im

Topf auf den Eisenringen der Kochhexe stand. Milchsuppe mit wenigen Rosinen, die ich nachher wie kleine Käfer auf den Tellerrand setzen würde, um sie zu zählen.

Als ich zur Kochhexe hinschaute, saß dort auf dem ausrangierten Autositz aus einem Militärauto, dessen Wrack im Wald lag, und der als Sessel diente, das schönste Geschenk – Vater. Er war abgemagert, in verschlissener Joppe und Hose, Fußlappen anstelle von Strümpfen um die Füße gewickelt, unversehrt, zumindest äußerlich, von der Front und anschließender Gefangenschaft zurückgekommen. Ich kannte ihn kaum.

Seine hellen blauen Augen strahlten mit den Kerzen um die Wette.

«Morgen», sagte er zu mir, «morgen bauen wir beide einen Schneemann, mit einer Wurzel als Nase und Augen und Mund aus Eierkohlen.»

*Hille Lux*

## Damals

Seit ich alter, denk ich oft
wieder an die Kindertage,
und das Wörtchen «damals» klingt
sehnsuchtsvoll nach einer Frage.

Damals tönten Glocken hell,
klirrte Frost zur Weihnacht immer.
Karge Suppe schmeckte mir
heiß und süß wie heute nimmer.

Kleine Freuden unterm Baume,
ach, mein Herz, das hüpfte schneller.

Trotz der Nachkriegsjahre Not
war gefüllt der bunte Teller.

Hier ein Apfel, dort 'ne Nuß,
handgesägt bemalte Tiere,
Püppchen, selbstgenäht und weich,
Mahnung, daß ich's nicht verliere.

Damals sagte ich ganz brav
ein Gedicht auf, nur im Stehen.
Vater sang: Macht hoch die Tür,
was an Weihnacht einst geschehen.

Heute neben mir ganz nah,
sitzen Enkel unterm Baume.
Seh ich Glanz in ihren Augen,
Widerschein vom Damals-Traume.

*Gisela Schalk*

# Das Glück ist eine Christbaumkugel

Das Glück ist rund, es glänzt, ist eine Kugel für die Weihnachtszeit – schreibe ich aufs Papier und weiß selber nicht warum. Es soll der Anfang eines Gedichtes werden. Ich lege den Stift zur Seite und denke nach: Wieso rund? Wieso glänzend? Wieso …?

Ich sehe ein Mädchen, etwa elf Jahre alt, mit dünnen, glatten Haaren, schmal und unscheinbar. Ein Kind, das Probleme hat, Ärger macht, mangelndes Selbstbewußtsein durch schlechtes Benehmen auszugleichen sucht. Kein Kind, dem ältere Herren lächelnd über den Kopf streichen.

Und doch … mit diesem Kind hat es etwas Besonderes auf sich. Es hält staunend etwas in der Hand. Das Glück, das eine Form angenommen hat. Das Glück dieses Augenblickes ist aus Glas, rund und glänzend. Daraus wird eine Christbaumkugel werden.

Für die damalige Zeit war es etwas Außergewöhnliches. Ein Glasbläser sollte in unsere Schule kommen, am letzten Schultag im alten Jahr. Ein Weihnachtsgeschenk also. Vor jeweils zwei Klassen, damals waren das rund neunzig Schüler, würde er unten im Physikraum seine Künste vorführen. Irgend jemand wußte sogar mehr: Dieser Glasbläser hatte die Angewohnheit, bei jedem seiner Schulbesuche eines der Kinder eine Kugel blasen zu lassen. Eine richtige Glaskugel, wie sie übermorgen am Christbaum hing, nur ohne Farbe.

Ich kann mir heute nur noch mühsam zusammenreimen, was mich als Kind an Glaskugeln so fasziniert hat. Vielleicht ihre Fähigkeit, die Dinge um mich herum in einer sehr eigenwilligen, phantasieanregenden Weise zu spiegeln. Und hatte eine dieser Kugeln auch noch eine Delle mit einem grünen oder roten Punkt, dann kannte die Faszination kein Ende, obwohl ich nun wirklich kein Baby mehr war.

Als ich von dem Besuch des Glasbläsers erfuhr, schlug mir das Herz sofort bis in den Hals hinein, und einen kurzen Moment lang träumte ich sogar davon, ich könnte es sein, die die Kugel blasen durfte. Aber mit elf Jahren weiß man längst aus Erfahrung, daß solche Ehrenämter entweder rotbäckigen Mädchen mit dicken Zöpfen vorbehalten blieben oder den pfiffigen, sommersprossigen Jungs.

Sollte ein Lehrer mich wahrnehmen, mußte ich mir schon irgendeine Kasperei einfallen lassen, was dieses Mal ausschied, da es mich nur vor die Tür gebracht hätte, weit weg von dem interessanten Geschehen. So wog ich also nüchtern meine Chancen ab und nahm mir vor, das Beste aus der Situation zu machen und von der Veranstaltung zu profitieren, wo es nur ging.

Entschlossen drängelte ich mich sofort durch die neunundachtzig anderen Kinder durch, ganz nach vorn an den braunen Tisch, auf dem der Bunsenbrenner schon aufgebaut war.

Der Glasbläser begann mit seiner Arbeit. Er forderte uns auf, Fragen zu stellen, und bald hatte ich um mich herum alles vergessen, sogar den voraussehbaren Ärger, wenn irgendein hübsches Kind dazu auserkoren wurde, Glas zu blasen.

Ich fragte nur noch: Warum heißes Glas weich war, wie ein Vogel geblasen wurde, wie die silberne Farbe in die Kugel kam, wie der rote Punkt entstand. Und plötzlich, als ich an nichts mehr dachte als an Quarz, Soda und Pottasche, faßte der Glasbläser mich sanft an den Schultern.

«Mein Kind, möchtest du eine Kugel blasen?»

Ich kann mich heute noch erinnern, daß mich diese Frage traf, als wäre ich von einem schweren Gegenstand getroffen worden. Mir wurde schwindelig, und ich mußte nach Luft ringen. Mit zitternden Händen ergriff ich das Rohr und versuchte zu blasen. Und hatte gerade eben noch mein Mundwerk nicht stillgestanden, so brachte ich nun vor Aufregung kaum noch Luft heraus, und die Kugel wurde recht klein. Aber sie war wunderbar rund, und in ihr spiegelten sich alle Dinge in zarten, unwirklichen Farben. Der Glasbläser legte sie mir lächelnd in die Hand, ich durfte sie behalten.

«Es ist eine wunderschöne Kugel. Deine Mutter kann mit etwas Klebstoff bestimmt oben einen Faden anbringen. Dann kannst du sie übermorgen an euren Weihnachtsbaum hängen.»

Was konnte jetzt noch passieren? Egal, was am Heiligen Abend unterm Baum liegen würde, darüber würde das schönste Geschenk hängen, das mir jemand machen konnte. Etwas, das für mich von diesem Tag an das absolute Glück verkörperte.

Was ich damals nicht wußte: Es war ein neues, wichtiges

Stück Selbstbewußtsein, das von da an stetig gewachsen ist, dessen Kern sich aber bis auf den heutigen Tag unverfälscht erhalten hat: Dieser Kern ist immer noch – eine Christbaumkugel.

*Sarah Leibetseder*

## Weihnachtszeit!

Nun kommt der Weihnachtsmann schon wieder,
zu dieser schönen, heiligen Zeit,
wo wir hier singen fröhliche Lieder,
dies ist die ganze Herrlichkeit.

Wie selig die Englein über uns wachen,
und wir sitzen im trauten Heim,
und uns über das Glöcklein Sorgen machen,
bis es plötzlich erhallt so klar und rein.

Schön geschmückt ist dieser Raum,
mit einem wunderbaren Weihnachtsbaum,
die Kerzen leuchten im ganzen Zimmer,
schön wär's, wenn es bleiben würde für immer.

Man meint, daß alle Menschen glücklich sind,
auch das allerkleinste Kind,
doch manchmal herrscht auch Leid
in dieser wunderbaren Weihnachtszeit.

*Marie-Theres Rathswohl*

# Wie der Tannenbaum zu seinen Nadeln kam

Als der Herrgott die Erde erschuf, pflanzte er auch viele Bäume als Wald. In dem Wald befanden sich ganz verschiedene Bäume, und alle waren bekleidet mit verschiedenem Laub, jeder nach seiner Art. Da gab es Birken, Eichen, Ahornbäume, Eschen und auch einen Tannenbaum. Aber der Tannenbaum war nicht zufrieden mit seinem Kleid. Er beschwerte sich beim lieben Gott, daß er mit den schlechtesten Blättern bekleidet sei, und er wollte deshalb besondere Blätter haben. Da gab ihm der liebe Gott Tannennadeln. Wenn der Wind dann im Spiel die Zweige der Bäume hin und her wiegte, stachen sich die Blätter der anderen Bäume immer an den Tannennadeln, so daß kein Baum mehr mit dem kleinen Tannenbaum spielen wollte. Da wurde der Tannenbaum ganz traurig und weinte sehr.

Im Herbst wurden die Blätter der anderen Bäume alle trokken und fielen ab auf die Erde. Nur der kleine Tannenbaum behielt seine Nadeln. Als nun Schnee gefallen war und das Häschen kein Futter mehr fand, suchte es im Wald seinen Hunger zu stillen. Aber, o Graus, da kam der Fuchs aus seiner Höhle heraus und wollte das Häschen fressen. Der Fuchs hatte nämlich auch einen Bärenhunger. Das Häschen wollte aber sein Leben retten und lief schnell unter den kleinen Tannenbaum und versteckte sich dort. Der Tannenbaum senkte nun schnell seine Zweige herunter und beschützte so das kleine Häschen. Der Fuchs konnte das Häschen nicht fassen, weil die Tannennadeln ihn immer wieder in die Nase stachen.

Das hatte der liebe Gott gesehen und lobte nun den Tannenbaum und sagte: «Weil du das Häschen so schön vor dem bösen Fuchs beschützt hast, sollst du von jetzt an immer grüne

Nadeln tragen – auch im Winter!» Und als es Weihnachten wurde, wünschten sich die Kinder einen Weihnachtsbaum. Weil der Tannenbaum als einziger von allen Bäumen mitten im Winter grüne Nadeln hatte, holten sie ihn in die Stube, schmückten ihn schön mit Kugeln, Lametta und bunten Süßigkeiten und sangen das Lied: «O Tannenbaum, o Tannenbaum, wie grün sind deine Blätter ...» Da freute sich der kleine Tannenbaum sehr, denn so nette Spielkameraden hatte er noch nie gehabt. Und so ist es bis heute noch immer geblieben zur Weihnachtszeit.

*Christina Wulf*

## Die Weihnachtsmaus

Es war einmal vor vielen, vielen Jahren ein Haus, das hatte viele Zimmer. Das gemütlichste Zimmer aber war die Stube mit ihren vielen Büchern und Sesseln. In diesem Haus lebte eine alte Dame. Sie war sehr allein, denn einen Mann hatte sie schon lange nicht mehr und ein Haustier schon gar nicht. Ihre Kinder hatten keine Lust, sie zu besuchen, und ihre Nachbarn waren viel jünger als sie.

Sie war sehr traurig, daß sie niemanden hatte, aber wen interessierte das schon?

So kam es, daß sie jedes Weihnachtsfest ganz allein feierte. Sie machte es sich dann immer vor ihrem Kamin gemütlich und trank Tee. In der Vorweihnachtszeit schmückte sie immer ihre Stube mit Kerzen und Weihnachtsbildern.

Es war in jenem Jahr der erste Advent. Die alte Dame fing wieder an, alles zu schmücken, und backte Plätzchen. Das tat sie fast jeden Tag in der Weihnachtszeit, es gab ihr die richtige Stimmung und Weihnachtslust, auch wenn sie allein war.

«Ich werde jetzt backen und abwaschen», sagte sie zu sich

selbst. Die Zeit verging meistens schnell, und als die alte Dame eines Morgens aufwachte, da bemerkte sie, daß es draußen schneite.

Dicker Schnee lag auf den Wiesen und Wegen. Alle Tiere waren verschwunden, und dichter Nebel umschlang das Haus.

Zu diesem Zeitpunkt war auch eine Maus unterwegs. Sie sammelte ordentlich Winterfutter für ihre Bleibe. Da roch sie den herrlichen Duft, der zum Haus der alten Dame führte.

«Mmh, riecht das gut!» Die Maus leckte mit der Zunge über ihr Gesicht. «Da werde ich sofort hinlaufen, das werde ich auf gar keinen Fall versäumen!»

Als die Maus zu dem Haus kam, traute sie ihren Augen nicht. Das Küchenfenster stand offen, und weil dieses nicht sehr hoch war, sprang sie hinein. Sie sah sich um, und als sie sah, welche schönen Dinge dort auf dem Teller lagen, schnappte sie sich ein paar Marzipankartoffeln und schlich im Haus umher. Sie sah eine alte Besenkammer, dort ging sie hinein und baute sich ein Nest. Die alte Dame hatte nichts mitbekommen, und so merkte sie auch nicht, wie die Maus, immer wenn sie ihre Marzipankartoffeln aufgegessen hatte, sich neue Marzipankartoffeln und Schokoladenkringel holte.

Die alte Dame wunderte sich zwar darüber, daß immer mehr verschwand. Da aber ihr Gehirn auch nicht mehr so jung war, glaubte sie, daß sie das alles selber gegessen hatte. Am Heiligabend dachte die Frau wieder: «Nun muß ich den Heiligabend wieder allein verbringen. Schade, daß meine Kinder nicht mal anrufen.»

Plötzlich hörte sie ein Rascheln, und noch ehe sie darüber nachdenken konnte, sah die Maus sie mit großen Augen an. Zuerst verstand die alte Dame gar nichts, doch dann sagte sie mit ruhiger Stimme: «Ach, du warst der heimliche Mitbewohner, der alles aufgegessen hat.» Sie hatte gar nichts erwartet, höchstens, daß die Maus weglaufen würde, aber das bestimmt nicht: Die Maus blieb ruhig stehen und sagte zu der alten

Dame: «Es tut mir leid, aber es roch so gut, und da habe ich mir gedacht, daß ich mal nachschaue.»

Und die Maus erzählte die ganze Geschichte von vorne, bis sie alles erzählt hatte.

Die alte Dame war darüber so erstaunt, daß sie sagte: «Du kannst bei mir wohnen, ich habe sonst niemanden, und wenn du möchtest, gebe ich dir einen Namen und backe, immer wenn du Lust hast, für dich Marzipankartoffeln und Schokoladenkringel und noch vieles mehr.»

Die Maus nahm das dankbar an, und die alte Dame backte noch viele Kringel und strickte der Maus auch eine kleine rote Mütze und einen roten Schal.

«Da», sagte sie, «damit dir nicht kalt wird.»

Und so kam es, daß die alte Dame an diesem Heiligabend nicht mehr allein sein mußte.

Denn von jetzt an lebte die Weihnachtsmaus bei ihr.

*Gerda Brömel*

# Bernhard von Leckerburg auf Weltreise

«Und der Schokoladenweihnachtsmann hat dir das wirklich erzählt, Oma?» fragte der kleine Simon ungläubig. «Also ...» mußte ich zugeben, «richtig mit Worten zu mir gesprochen hat er natürlich nicht. Aber als ich ihn genau betrachtete, fiel mir ein, welch ungewöhnlich weite Reise er doch überstanden hatte: von Deutschland bis an die südamerikanische Pazifikküste! Warte mal», überlegte ich, «das müssen ungefähr fünfzehntausend Kilometer sein! Und da wurde mir klar: Wenn er sprechen könnte, hätte der kleine Kerl bestimmt viel zu erzählen. Und dies könnte seine Geschichte sein.»:

Als einer der ersten der Serie 1999 blickt Bernhard von Lekkerburg an sich herunter, dann auf seine Artgenossen, die rechts von ihm auf dem Laufband in endlos erscheinender Reihe einer nach dem anderen aus dem Tunnel geschoben werden und sich genau wie er selbst mit kaum merklichen Rucken in Richtung Produktendkontrolle bewegen. Er ahnt – nein, eigentlich weiß er: Ihnen allen ist nur ein kurzes Dasein beschieden, darüber macht er sich keinerlei Illusionen. Und einige von ihnen trifft es dazu noch besonders hart. Das sind jene, an denen man etwas auszusetzen hat. Es kursieren genügend Gerüchte darüber. Diese bedauernswerten Kameraden werden aussortiert und landen wer weiß wo – bestenfalls im großen Schmelztiegel, um vielleicht als lächerlicher Osterhase wieder aufzuerstehen. Er beschließt, sich im entscheidenden Moment so unauffällig wie möglich zu verhalten, um sich in keiner Weise von seinen Mitweihnachtsmännern zu unterscheiden – deshalb eben auch sein prüfender Blick.

Tatsächlich passiert er anstandslos den Checkpoint, wird mit einer Zellophanhülle versehen und landet mit den anderen in einem großen Pappkarton. Jetzt kann er es sich getrost für längere Zeit bequem machen. Neben, über und unter sich hört er bereits das Zellophanpapier knistern, als sich seine Genossen gemütlich zurechtlegen. Auch er stellt sich auf eine lange Ruhepause ein. Es ist erst April, und frühestens im September werden für sie alle die mit Aufregungen verbundenen, unausweichlichen Veränderungen beginnen. Man muß sich auf Transporte mit Stößen und Gerüttel gefaßt machen und auf Umschichtungen, in denen die Schicksalsgemeinschaft seiner Freunde auseinandergerissen wird.

Aber wie immer vergeht die Zeit viel zu schnell. Bernhard meint, er habe sich gerade eben erst zur Ruhe begeben, als er unsanft aus seinem Schlummer gerissen wird. «Was ist denn nun schon wieder los!» schimpfen auch seine Kameraden unwillig. Angestrengt lauscht Bernhard nach draußen. Vielleicht kann er verstehen, was dort gesprochen wird. «Freihafen

Hamburg», hört er einmal jemanden rufen, und bald darauf: «Diese Palette vor der HANSA abstellen! Der Zahlmeister hat die Ware mehrfach angemahnt. Der Kreuzfahrer will schon in einer Stunde auslaufen zu seiner mehrmonatigen Weltreise!»

Die Weihnachtsmänner in ihrem Karton verhalten sich jetzt ganz ruhig, nicht das geringste Knistern ist zu hören. Allen ist klar, daß sonst vermutet werden könne, es sei eine Maus im Karton, und nichts – außer Kakerlaken und Feuer – fürchtet man auf einem Schiff mehr als Ratten und Mäuse! Es dauert jedoch nicht lange, und schon lagern Bernhard und seine Kameraden friedlich im konstant auf 8 °C gehaltenen Kühlraum ganz unten im Schiffsbauch. Zum Glück sind alle seefest, und so lassen sie sich vom Auf und Ab der Wellen sanft in den Schlummer wiegen.

Plötzlich – es scheint eine endlos lange Zeit vergangen zu sein – wird Bernhard durch ein merkwürdiges Knirschen und Knacken aufgeschreckt. Auch die anderen sind inzwischen hellwach und schauen ängstlich in die Richtung, aus der dieses unheimliche Knarzen, Kratzen, Schaben und Knabbern kommt. Kurz darauf dringt ein Streifen Helligkeit in ihre dunkle Behausung, und sie sehen, wie sich scharfe weiße Zähne gierig durch die dicke Pappe beißen! Bernhard erfaßt als erster die bedrohliche Situation: «Eine Ratte!» flüstert er entsetzt. «Eine Ratte!»

Nun muß man wissen, daß es für Schokoladenweihnachtsmänner, deren einzige Bestimmung es ist, Menschenkindern Freude zu bereiten, nichts Schändlicheres gibt, als von einem Nagetier vorzeitig verspeist zu werden! So ist es zu verstehen, daß die kleinen Kerle – ihr nahes, unrühmliches Ende vor Augen – außer sich vor Angst von einem unkontrollierten, starken Zittern befallen werden. Zum Glück, kann man da nur sagen! Denn ihre wild knisternden Zellophanhüllen verursachen ein solch unheimliches Geräusch, daß die Ratte vor Schreck in ihrem zerstörerischen Werk innehält. Genau in diesem Moment wird offensichtlich, daß sich Bernhard trotz der gleichen äußeren Form von seinen Artgenossen unterscheidet. Als erstem ist ihm nämlich die bekannte Überlebensstrategie eingefallen, die da lautet: Wenn es nicht anders geht, mußt du dir eben deinen Feind zum Freund machen!

Vorsichtig riskiert er einen Blick durch das winzige Rattenknabberloch im Pappkarton und – sieht direkt in zwei böse funkelnde Knopfaugen! Nachdem er den ersten Schrecken überwunden hat, nimmt er all seinen Mut zusammen: «Hallo, liebe Frau Ratte», begrüßt er sie freundlich, während seine Stimme noch etwas zittert, «wie freue ich mich, endlich solch bezaubernde Person kennenzulernen!» – «Hm, hm», brummt sie ungnädig, wenn auch schon ein wenig besänftigt, denn Komplimente hört sie leider viel zu selten. «Gnädige Frau», säuselt er weiter, «können meine Leute und ich Ihnen irgendwie zu Diensten sein? Immerhin haben wir es nur ihrer unendlichen Güte zu verdanken, daß wir nunmehr über eine ausgezeichnete Beobachtungsmöglichkeit verfügen ...» – «Ja, richtig!» flüstern seine Kameraden aufgeregt im Hintergrund. «Schlag der Bestie einen Deal vor!» Jetzt weiß Bernhard, daß seine Männer hinter ihm stehen. «Wir könnten Ihnen, meine Teuerste», fährt er daher mutig fort, «zum Beispiel mit Hilfe unserer scharfen Augen, die außerdem zu lesen verstehen, verraten, wo die Kartons mit dem leckeren Gebäck lagern. Denn wir selbst», gerade rechtzeitig ist ihm dieses Argument eingefallen, «wären zu unserem größten Bedauern Ihrem verwöhnten Magen nicht zuträglich.»

«So, so – nicht zuträglich?» Zweifelnd wiegt Frau Ratte ihren Kopf. «Gebäck? Sagten Sie etwas von Gebäck, Herr ... äh, wie heißen Sie eigentlich?» – «Schokoladenweihnachtsmann Bernhard von Leckerburg, wenn Sie gestatten.» Er gibt sich einen Ruck: «Aber liebe Freunde wie Sie nennen mich schlicht und einfach Bernd.» – «Gebäck», murmelt die Ratte versonnen, «vor allem Spekulatius, Zimtsterne und Dresdner

Stollen würden meinen Speiseplan ungemein bereichern, aber», fügt sie hinzu, «genauso gelüstet es mich nach etwas Handfestem: Käse und Speck beispielsweise ...» – «Auch in dieser Beziehung», beeilt sich Bernhard zu versichern, wobei er bemüht ist, sich Frau Rattes gewählter Ausdrucksweise anzupassen, «auch auf diesem Sektor dürften wir Eurer Exzellenz von unschätzbarem Nutzen sein.» – «Na gut!» meint Frau Ratte, «schließen wir ein Abkommen: Sie kümmern sich um meinen Speiseplan, und im Gegenzug werde ich Sie nicht weiter inkommodieren – es sei denn, Sie wünschten es!» Schelmisch zwinkert sie Bernhard zu, denn er wirkt auf sie ausgesprochen appetitlich.

Der Deal ist also perfekt. Von nun an wechseln sich Bernhard und seine Kameraden rund um die Uhr auf ihrem Beobachtungsposten ab. Man mag es glauben oder nicht: Jeder freut sich sogar schon auf seinen Wachdienst! Denn nachdem die Arbeit erledigt ist, die bekanntlich darin besteht, Frau Ratte den Weg zu dieser oder jener Leckerei zu verraten, gibt es da draußen interessante Dinge zu beobachten. Etwa die heimlichen Treffen des Küchenjungen mit seiner niedlichen Braut aus der Bordwäscherei. «Ach», seufzt so mancher der Schokoladenweihnachtsmänner etwas neidisch, «muß Liebe schön sein!» und bedauert, daß es immer noch keine Schokoladenweihnachtsfrauen gibt – jedenfalls nicht in ihrem Karton.

Weniger harmlos – wenn nicht sogar im höchsten Grade beunruhigend! – verlaufen dagegen die Besuche jenes rotgesichtigen Matrosen, der sich im Kühlraum regelmäßig mit großen Mengen des dort gelagerten Aquavits vollaufen läßt. Bernhard befürchtet jedesmal das Schlimmste für sich und die Seinen, denn anschließend pflegt der Mann zwischen den hoch aufgestapelten Kisten und Kartons ziellos hin und her zu torkeln! Allerdings hat sein Auftauchen auch einen nützlichen Nebeneffekt: Man kann nämlich davon ausgehen, es müsse inzwischen wieder Sonntag und somit eine Woche vergangen sein.

Aus den Gesprächen des jungen Liebespaars erfahren die jeweiligen Wachhabenden übrigens, wo das Schiff sich gerade befindet. Lissabon (durch einen Crash der HANSA mit der Kaimauer verlor Frau Ratte dort ihre sämtlichen Verwandten, die bis dahin im Vorschiff völlig isoliert ein karges Leben führten) und die Kanarischen Inseln liegen seit langem hinter ihnen. Mittlerweile scheint es draußen sehr warm geworden zu sein, denn die Kühlaggregate laufen auf Hochtouren. Eine Zeitlang wehten Klänge von Steelbands herein, bis auch sie irgendwann verstummten – ein Zeichen dafür, daß sie nun die Inseln der Kleinen und Großen Antillen passiert haben. Bald darauf läuft das Schiff so ruhig wie nie zuvor: Der Panamakanal wird durchfahren. Danach arbeiten die Kühlaggregate etwas weniger hektisch, und Bernhard vernimmt Hafennamen, von denen er noch nie gehört hat: Trujillo und Callao in Peru, dann in Chile Arica und Iquique.

Frau Ratte hat dank ihres abwechslungsreichen Speisezettels so an Umfang zugenommen, daß sie nicht mehr durch das gewohnte Schlupfloch paßt. Statt sich wie früher zurückziehen zu können, muß sie nun schutzlos im Kühlraum ausharren. Dabei wird ihr schmerzlich bewußt, auf Gedeih und Verderb von den Alarmmeldungen der Schokoladenweihnachtsmänner abhängig zu sein. In welchem Dilemma sich seine Geschäftspartnerin aufgrund ihrer Gefräßigkeit befindet, erkennt auch Bernhard. Sachlich stellt er fest, Gerüchte über die angeblich hohe Intelligenz von Ratten seien vermutlich wissenschaftlich nicht haltbar.

Als das Schiff Valparaiso erreicht, wird zum erstenmal auf der langen Reise die Ladeluke geöffnet, und frische, würzig nach Fisch duftende Luft strömt herein. Sofort klingeln bei den Schokoladenweihnachtsmännern die Alarmglocken: «Gefahr! Gefahr! Ruhig verhalten!» Sie hören das Laufband rattern, mit dem neuer Proviant eingeladen wird. Vorsichtig lugt Bernhard aus dem Beobachtungsloch: Kisten über Kisten mit Champagner für die Jahreswende 1999/2000 rollen heran. Da wird ihm schlagartig bewußt, allmählich müsse nun der Zeitpunkt erreicht sein, an dem er und seine Genossen ihrer eigentlichen Bestimmung zugeführt werden. In der Enge des Kartons haben sie oft darüber gesprochen, welch besonderes Schicksal wohl jedem einzelnen von ihnen beschieden sein würde. Natürlich hoffen alle, einem kleinen Menschenkind Freude zu bereiten, denn das ist schließlich der Sinn ihres Daseins.

Während jeder so seinen Gedanken nachhängt, hören sie die Stimme der Frau, die hier unten schon häufiger nach dem Rechten gesehen hat: «Als erstes brauche ich jetzt ganz schnell diesen Karton!» Die Schokoladenweihnachtsmänner erschauern, als sie begreifen, daß damit sie gemeint sind! Gefaßt nehmen sie Abschied voneinander, wünschen sich alles Gute und lassen ergeben das Gerüttel während des Transports auf der Stechkarre, im Fahrstuhl und später auf dem Servierwagen über sich ergehen. Frau Ratte wird nun ohne uns auskommen müssen, fällt Bernhard schlagartig ein – tatsächlich hat er bei der allgemeinen Aufregung überhaupt nicht mehr an sie gedacht. Aber andererseits, überlegt er, kann sich diese für sie neue Situation nur günstig auf ihre Figur auswirken.

Bald umfängt die Schokoladenweihnachtsmänner strahlende Helligkeit, denn eine Kabinenstewardess hat den Karton geöffnet. «Oh, guck mal, wie sind die niedlich!» ruft sie ihrer Kollegin zu. «Viel zu schade für die Passagiere!» – «Paß auf!» mahnt die andere. «Die sind bestimmt abgezählt!» Bernhard ist furchtbar aufgeregt: Was geschieht jetzt mit ihm? Wie geht es weiter? Da spürt er auch schon, wie er in Kabine 129 neben einem Damennachthemd sanft auf dem Kopfkissen landet. Wird dies nun seine End- oder noch eine Zwischenstation sein?

Gerade ist er ein wenig eingeduselt, als er eine junge Frau zu ihrem Mann sagen hört: «Liebling, sieh doch nur unser Betthupferl! Sag bloß», sie faßt sich an den Kopf, «ist heute etwa Nikolaustag?» Ihr Liebling kontrolliert seine Armbanduhr: «Ja, tatsächlich: 6. Dezember! Daß bald Weihnachten ist und bei uns zu Hause schon Schnee liegt, vergißt man immer wieder im südamerikanischen Sommer!» Im Laufe des Abends vernimmt Bernhard noch wiederholt Komplimente über sein adrettes Aussehen, doch dann wird er in einen kleinen Rucksack gepackt. «Ich nehm ihn morgen mit auf unseren Landausflug», murmelt die junge Frau.

In dem Rucksack fühlt er sich eigentlich ganz wohl. Er macht dort Bekanntschaft mit einer Flasche Sonnenmilch, einem Mückenabwehrspray und einer Packung Papiertaschentücher. Alle drei begegnen ihm ausgesprochen respektvoll, denn noch nie haben sie etwas Ähnliches wie ihn gesehen.

Inzwischen wandern sie schon mit ihrer Trägerin über eine kleine Insel im südlichen Pazifik. Hin und wieder dringen Stimmen in einer fremden Sprache zu ihnen. Plötzlich wird der Rucksack geöffnet. Bernhard fühlt sich herausgehoben und sieht sich einem Indiomädchen gegenüber, das ein Baby in einem Tuch auf dem Rücken trägt. Der Kleinen laufen Tränen übers braune Gesichtchen, denn das Maultier, das sie an einem Strick hinter sich herzieht, hat gerade seine Last Maisstrohstengel abgeworfen. «Warte», sagt der Liebling, «ich helfe dir beim Aufladen!» Und seine junge Frau drückt ihr Bernhard in die Hand: «Hier, für dich», sagt sie freundlich, «weil bald Weihnachten ist!» Da beginnt das Indiomädchen unter Tränen zu lachen, hebt den Schokoladenweihnachtsmann hoch, damit auch das Baby ihn bewundern kann, dann drückt sie ihn fest an ihre ärmliche Bluse, um ihn sich gleich wieder ungläubig vors Gesicht zu halten, und auch das Baby gluckst und jauchzt vor Vergnügen.

In seinen kühnsten Träumen hätte Bernhard sich nicht ausmalen können, welche Freude sein Erscheinen einmal auslösen würde! Und als er eine ganze Weile später von den Mitgliedern der großen Indiofamilie stückweise verspeist wird, durchzieht ihn ein durch und durch zufriedenes Gefühl. So muß es sein! ist sein letzter Gedanke – ja, so muß es sein!

«Das war aber eine lange Geschichte, Oma», stellte Simon fest, «erzählst du mir morgen wieder eine?»

*Sigrid Eggersglüß*

## Nächstes Jahr am selben Ort zur selben Zeit

Dunkle Wolken bewegten sich nur langsam Richtung Osten, als wollten sie sich träge und schwer den Winterstürmen widersetzen.

Tassilo saß in seinem Ohrensessel, blickte von Zeit zu Zeit durch das Wohnzimmerfenster nach draußen und genoß die Behaglichkeit des warmen Raumes, das Pfeifchen nach dem Mittagessen und die Sonntagszeitung. War die Adventszeit auch oftmals ungemütlich und kalt, so schenkte sie doch manche Annehmlichkeit. Else nörgelte nicht, daß der Rasen zu hoch war, die Beete neu bepflanzt und der Zaun gestrichen werden mußte. Auch die Zeit der lästigen Sommerfeste und Grillpartys, zu denen sie von den Kindern oder Nachbarn eingeladen wurden, war vorbei. Er haßte verkohlte Würstchen, eiskaltes Bier und langweiliges Geschwätz.

«Nun komm, du mußt dich noch umziehen!»

Tassilo legte die Zeitung beiseite und schaute seine Frau fragend an. Sie stand in ihrem braunen Sonntagskostüm, den neuen Schuhen und der passenden Handtasche im Türrahmen. Ihre Haare sahen hübsch frisiert aus.

«Warst du beim Friseur, Elschen? Steht dir gut, diese kesse Welle. Aber laß dich nicht überreden, dein Haar zu färben. Es hat ein so wunderbares Grau. Wie helle Wolken, von der Sonne angeleuchtet.»

«Tassilo, du bist ja ein Poet. Ich dachte immer, mein Haar sei weiß. Aber nun beeil dich.»

Sie lächelte ihren Mann liebevoll an. In seiner typischen, etwas gebeugten Haltung saß er in seinem Lieblingsmöbel. Sie sind zusammen alt geworden, der Ledersessel und der Mann. An beiden ist das Leben nicht spurlos vorübergegangen.

«Was denkst du, Else? Du guckst mich so seltsam an.»

«Ich dachte gerade, wie lieb ich dich habe. Mindestens so sehr, wie du deinen alten abgeschabten Ledersessel.»

Er lachte.

«Leder wird mit dem Alter immer besser. Aber sag mir, wieso ich mich beeilen soll. Heute ist Sonntag, die Geschäfte haben geschlossen. Wo willst du denn hin?»

«Oh, Tassilo, hast du es wirklich vergessen? Das Weihnachtskonzert der Musikschule. Deine Enkel musizieren in der Kirche. Ihr erster großer Auftritt. Wir haben versprochen zu kommen.»

«Ach, Else! Laß mich doch zu Hause. Ich ertrage keine gerührte Mutter, die die ersten Kratzversuche ihres Lieblings auf einer Geige für hohe Kunst hält. Es sei denn, sie ist nicht nur eine Mutter, sondern sie heißt auch so.»

«Tassilo, du bist herzlos und ein wenig arrogant. Alle sind traurig, wenn du nicht dabei bist. Es wird ein wunderbares Erlebnis. Nun komm!»

Brummend legte er seine Pfeife in den Aschenbecher, zog sich seinen Lodenmantel über und fuhr mit seiner Frau zur Kirche.

Kaum hatte er das schwere Portal aufgedrückt, rief er nach einem kurzen Blick ins Innere: «Alles voll, Else.»

Seine Stimme klang erleichtert, und er schob seine Frau sofort wieder Richtung Ausgang.

«Sieh doch, in der ersten Reihe winken Lisa und Fred, sie haben zwei Plätze freigehalten für uns», rief seine Frau erfreut.

«Ich soll durch die ganze Kirche stolzieren, damit mich alle Leute begaffen? Else, du weißt, wie sehr ich solche Auftritte hasse. Und dieses Getute und Geklimper ebenso.»

«Sie stimmen ihre Instrumente, Tassilo, das hört sich nun mal nicht schön an.»

Sanft schob Else ihren Mann durch den Mittelgang in die erste Reihe. Herzlich wurden sie von ihrer Tochter und dem Schwiegersohn begrüßt.

«Guck, Vati», rief seine Tochter und zeigte nach vorn, «da sitzen Anna und Tom. Sind sie nicht süß?»

«Mumm», knurrte Tassilo.

«Goldig, nicht, Fred?» stupste Lisa nun ihren Mann an.

«Mumm», knurrte Fred.

Nach einer kurzen Begrüßung des Leiters der Musikschule fing die Geigengruppe an zu spielen. Anschließend ertönten Gitarrenklänge mit Weihnachtsweisen aus verschiedenen Ländern. Zwischendurch erklang die Orgel, und die Zuhörer wurden zum Mitsingen bekannter Lieder aufgefordert.

Tassilo sah, wie sein Enkel Tom unruhig von einem Bein aufs andere trat.

Entweder ist er aufgeregt oder ihn drückt die Blase, ging es ihm durch den Kopf. Wer denkt sich so eine Veranstaltung bloß aus? Die Knirpse da vorne würden jetzt sicher lieber mit Legos, Autos oder dem Gameboy spielen als besinnliche Lieder auf ihrer Flöte. Und ich würde lieber Zeitung lesen und ein Gläschen Roten trinken.

Plötzlich hörte er neben sich leise Schnarchgeräusche. Sein Platznachbar, augenscheinlich auch ein Großvater, war sanft entschlummert.

Sie intonierten gerade «Vom Himmel hoch, da komm ich her ...».

«Zu und zu schön», flüsterte Else.

Der Nachbar wurde unsanft aus seinen Träumen gerissen, als die Flöten kreischend einsetzten.

«Habe ich geschnarcht?» wandte er sich leise, jedoch keineswegs beschämt, an Tassilo.

«Kaum. War jedenfalls angenehmer als das Geflöte da vorne», flüsterte dieser freundlich zurück.

Sie grinsten sich verschwörerisch an, als säßen sie in einer konspirativen Sitzung.

Nach zwei Stunden war die musikalische Darbietung überstanden. Die Kinder verbeugten sich artig, nachdem sie wegen lang anhaltendem Beifall zu mehreren Zugaben genötigt worden waren. Tassilo atmete auf.

«Wir werden uns sicher im nächsten Jahr wiedersehen», strahlte ihn sein Banknachbar an.

«Selber Ort, selbe Zeit», schmunzelte Tassilo und unterdrückte ein Gähnen.

*Marc Salzmann*

## Weihnachten fällt aus!

Draußen tobt der heulend Sturm
Und ich armer Unglückswurm
Muß noch hinaus
Aus meinem Haus
In das wütend Windgebraus
Durch das wilde Rumgesaus

Denn die Kinder wollen schöne Dinge haben
Wollen sich bald an allerlei Geschenken laben
Und tut die Kälte auch weh
Rieselt auch glitzernd der Schnee

So pack ich meinen warmen Mantel ein
Schlüpf ich in meine treuen Stiefel rein
Schultere schnaufend den schweren, vollen Sack
Fast ganz verdeckt er meinen roten Frack!

Nehme noch schnell einen guten Schluck
Gebe mir selbst einen Aufbruchsruck
Schwing mich in meinen alten Schlitten
Und muß bemerken, ich bin am Kippen!!!

Denn vom Rum naschte ich wohl etwas zu heftig
Denk ich mir noch und kollidiere ganz deftig
Mit dem harten Boden, das Licht geht aus
Tja, Weihnachten fällt dies Jahr wohl aus!

*Jeanette Fischer*

## Vogelweihnacht

Draußen war es kalt geworden. Überall auf den Bäumen und Wegen lag eine dicke Reifschicht. Die Sonne schien und ließ den Reif wie kleine Sternchen funkeln. Ihre Sonnenstrahlen wärmten allerdings nicht.

Eine Amsel mit aufgeplustertem Federkleid saß auf einem Holunderzweig. Zwei Spatzen unterhielten sich in der Nähe: «Hast du schon gehört? Hast du schon gehört? Irgendwo in der Nähe steht ein Tannenbaum voller Kugeln aus Sonnenblumenkernen.»

«Ja, natürlich, natürlich. Und beleuchtet ist er auch mit vielen Lichtern. Ein paar Menschen machten das.»

Eine Blaumeise gesellte sich zu den beiden: «Was erzählt ihr da? Wo wächst dieser Baum? Ich verspüre Hunger. Auf dem gefrorenen Boden findet man nichts mehr.»

Ein Dompfaffpärchen und eine Tannenmeise horchten auf. Keiner wußte, wo sich dieser Wunderbaum befand. Aber allen knurrte der Magen.

Ein kleines Kaninchen hoppelte auf den Busch zu. Es suchte Schutz vor dem Fuchs.

Ein kleiner Zaunkönig, den vorher niemand bemerkt hatte, fragte das Kaninchen, ob es die beleuchtete Tanne gesehen habe.

«Ja, ich beobachtete neulich, wie ein Mensch und seine Kinder die Lichter gemeinsam anbrachten. Sie waren sehr fröhlich dabei und sangen Lieder. Die Eule erklärte mir später, daß die Menschen nun ihr Weihnachtsfest feiern, und zu diesem Anlaß holen sie sich Bäume in ihre Häuser, schmücken sie mit bunten Kugeln und vielen Lichtern.»

«Aber warum behängen die Menschen einen Baum im Freien mit Futter für uns?» fragte die Tannenmeise.

«Nun, ich hörte, wie das Mädchen zu seinem Bruder sprach, daß die hungrigen Vögel sich sicher darüber freuen werden und auch das Weihnachtsfest genießen sollten», so erzählte das Kaninchen.

Die Amsel mischte sich ein: «Ja, ich kenne die Menschen. Mir legen sie jedesmal einen frischen Apfel unter den Baum. Kommt, ich zeige euch den Weg dorthin.»

Alle erhoben sich, folgten ihr und freuten sich schon auf die Körner.

Das würde ein Fest werden!

*Elisa Hamburger*

# Ein außergewöhnliches Weihnachtsgeschenk

Es war Heiliger Abend nachmittag, an einem besonders schönen, sonnigen Wintertag mit klirrender Kälte und viel Neuschnee. Auch unser Hund sollte zum Fest ein besonderes Geschenk haben. Darum planten wir eine lange Wanderung durch den Winterwald. Ein uns befreundetes Ehepaar schloß sich uns an, und wir fuhren mit unserem Auto. Unser Hund lag auf dem Rücksitz zwischen unseren Freunden und döste, wie immer im Auto, unbeteiligt vor sich hin. Bald waren wir auf der Ausfallstraße und konnten zu beiden Seiten hin und wieder Festvorbereitungen beobachten: Tannenbäume wurden zum Schmücken von den Balkons hereingeholt, auf den Fensterbänken waren vielfach schon brennende Kerzen zu sehen und stimmten weihnachtlich. Einige Menschen eilten, noch letzte Einkäufe tragend, nach Hause.

Plötzlich, wenige Meter vor einer großen Ampelkreuzung, schrie unser Hund entsetzlich laut hinter mir auf. Es war ein Schrei voller Angst, alles durchdringend, höchste Lebensgefahr vorhersehend. Zutiefst aufgeschreckt, machte ich automatisch eine Vollbremsung, und wir sahen, beinahe im gleichen Augenblick, einen Wagen von rechts kommend an uns vorbeirasen. Der Fahrer des Autos hatte das rote Ampellicht übersehen. Den unausweichlichen Zusammenprall unserer beiden Fahrzeuge hatte unser Hund verhindert.

Die Lebensmittelgeschäfte waren inzwischen geschlossen, aber in einer offenen Gaststätte konnten wir für unseren Lebensretter einen großen Wurstring kaufen, den er genüßlich in seinem Bauch verschwinden ließ. Wir beruhigten uns allmählich auch und beschlossen, unseren Ausflug fortzusetzen.

Wenig später gingen wir durch den tiefverschneiten Wald und

genossen die unberührte Natur besonders intensiv. Menschliche Fußspuren waren nicht zu sehen, dafür um so mehr solche von verschiedensten Tieren. Leider konnten wir nicht alle Verursacher der Pfoten- bzw. Hufspuren feststellen, aber trotzdem freuten wir uns über ihr Vorhandensein. Die Futterstellen, an denen wir vorüberkamen, waren offensichtlich stark frequentiert worden, und uns überkam spontan der Wunsch, selbst den freilebenden Tieren als Wald- und Tierhüter in der für sie schweren Winterzeit helfen zu können. Die Zweige der Bäume hingen, schwer geworden vom Schnee, tief herunter und waren gegen das intensive Blau des Himmels schön anzuschauen. Alles um uns stimmte uns weihnachtsfestlich.

Unser Hund fühlte sich rundum glücklich. Er machte unseren Weg vielfach, denn er hatte unendlich viele und sehr interessante Gerüche aufzunehmen. Zwischendurch wälzte er sich genüßlich im unberührten Schnee. Wir waren uns sicher, daß er uns anlachte vor Lebensfreude.

*Conrad H. von Sengbusch*

## Die etwas andere Weihnachtsfeier

Fast dreißig Jahre meines Berufslebens gehörte ich zur Meßtechnik einer großen norddeutschen Sendeanstalt. Wir waren bis weit in die siebziger Jahre eine Gruppe von Individualisten, eine Eigenschaft, die für den Beruf des Technikers so typisch ist. In unserer Abteilung arbeiteten überwiegend Techniker, die sich qualifiziert hatten, neben einigen wenigen Meistern und Ingenieuren. Jeder hatte sein spezielles Fachwissen, und so bildeten sich Gruppen und Grüppchen, die alle mehr oder weniger gut miteinander harmonierten.

Nur zu feierlichen Anlässen, die es oft gab und die schon mit einem Geburtstag, der Geburt eines Kindes, dem Hausbau, einer Beförderung, einem Dienstjubiläum oder der Weihnachtsfeier begründet sein konnten, rückten wir näher zusammen. Das ging so bis ans Ende der siebziger Jahre, als durch den damals neuen vorzeitigen Ruhestand sich einige Kollegen bereits mit 58 Jahren in die Rente verabschiedeten.

So kamen wir Jüngeren, damals aber auch schon um die Vierzig, zum Zuge und sollten auf unsere Art die Weihnachtsfeier gestalten. Die Zeit der Weihnachtsfeiern in *einem* Raum direkt am Arbeitsplatz und mit allen Kollegen, die mit dem «Kamerad, weißt du noch?» begann und in bierseliger Laune feuchtfröhlich endete, war nun vorbei und etwas mehr Kultur und Besinnliches gefragt. Und schon traf mich das Los als Organisator. Die Leute wollte ich also ansprechen, ihre Wünsche und Neigungen erkunden und sie natürlich alle als Individuen am Fest beteiligen. Bei den Landsmannschaften fing ich an, waren wir doch ein bunt zusammengewürfelter «Haufen» aus den unterschiedlichsten deutschen Landen und auch aus dem Ausland. Viele Kollegen hatte es nach Norddeutschland verschlagen. Wir hatten einen obersten Chef aus Ostfriesland, eine Sekretärin aus dem Sudetenland, Berliner, deren Humor nie versiegte und die in ihrer stets kritisierenden Art dennoch erfrischend waren, schwerfällige Oldenburger, einen tiefsinnigen Letten, einen quirligen Italiener, der auch in der zweiten Generation in Deutschland Italiener blieb, etwas kantige Schlesier, die zwischen ihrer Herkunft als Ober- oder Niederschlesier unterschieden, die Mehrzahl der Hamburger, die wieder zwischen «geborene» und «gebürtige» Hamburger sehr fein differenzierten, auch einen Harburger, der natürlich Harburger war und nicht Hamburger, einen Kollegen aus der Mark mit Sibirienerfahrung, der immer zu herben Späßen aufgelegt war, einen nicht humorlosen Niedersachsen, einen Wandsbeker, der sich als solcher und nicht als Hamburger fühlte, einen biederen Ostpreußen, der erst nachdachte, bevor er sprach, und letztlich ich als Baltendeutscher, der natürlich auch durch Eigenarten geprägt war. Alle wollte ich in irgendeiner Form erreichen und ihre Seele aufschließen.

Natürlich durfte der traditionelle Julklapp nicht fehlen; dafür erdachte ich mir aber eine neue Variante: Bisher war es immer so, daß man ein Los zog, um den zu beschenkenden Partner mit einer kleinen Gabe zu erfreuen. Alle Geschenke wurden anonym abgelegt, kamen in einen Sack, und unsere Sekretärin verteilte die Päckchen und Pakete unter großer Anteilnahme während der Feier. Wie reagiert derjenige, der *mein* Geschenk bekommt? Das wurde von uns sehr fein beobachtet. Oft blieb es dann beim ungeliebten Buch, das Jahr für Jahr neu verpackt wurde und die Runde machte, wie wir es aus dem Augenwinkel registrierten. Es war auch nicht auszuschließen, daß es als Bumerang zu uns zurückkehrte ...

Für dieses Fest dachte ich mir eine Liste aus, in der jeder Kollege seine Hobbies und Neigungen eintragen konnte und die Möglichkeit hatte, Wünsche zu äußern. Jeder sollte dann mal zu Hause nachsehen, ob im Speicher oder im Keller noch irgend etwas von Wert für einen anderen Kollegen vorhanden war. Und jeder bekam die Liste mit dem Ergebnis. So erfuhren wir alle, die wir ja überwiegend fachlich miteinander zu tun hatten, auch etwas aus dem Privatleben des anderen.

Wir lasen, daß einer Kochbücher sammelte, der andere Orchideen züchtete und wieder ein anderer eine große Modellbahnanlage betrieb. Es gab Gartenliebhaber, Uhrensammler, Funkamateure, Leute, die Untersetzer für Blumen suchten, und andere, die Diaserien vertonten, Kollegen mit Musikarchiven und mehr. So kam schon vor der Weihnachtsfeier ein großer Fundus für den Gabentisch zusammen, wo letztlich jeder etwas fand, das er schon lange suchte, und gab, was er für richtig hielt. Mit dem erzielten Betrag finanzierten wir unseren sommerlichen Betriebsausflug.

Weiter hatte ich unseren verschiedenen Landsleuten die Anregung gegeben, den Kuchen zur Feier nicht einfach aus der

Kantine zu beziehen, sondern ganz individuell mit eigenem Gebäck zum Gelingen des Festes beizutragen. Die meisten Kollegen machten mit, so daß es morgens schon recht verführerisch in unseren Meßtechnikräumen duftete.

Für die Feier hatten wir uns den großen Konferenzraum reservieren lassen. Dieser nüchterne Raum im Stil der ausklingenden sechziger Jahre hatte das Flair einer Wartehalle oder eines Frisiersalons: Der Boden war ganz mit dunkelgrünem, weichen Teppichboden ausgelegt, die Wände waren mit dunklen, glatten Holzpaneelen verkleidet, die keine Gemütlichkeit zuließen, die Tische und gepolsterten Stühle waren von der Art der Büromöbel in Chefetagen: dunkle, dicke Holzplatten, verchromte Gestelle, immer ein Tischbein, das bei irgendeinem Platz im Wege war, und Stühle mit Lehnen und Armstützen, die wegen ihrer massiven Stahlrohrgestelle nur schwer zu bewegen waren. Dazu die übliche Anordnung in der Form eines großen «U», die gut für Konferenzen, aber schlecht für die Konversation war. Die einzige Abwechslung für das Auge war in diesem tristen, stets dämmerigen Raum ein surrealistisches Bild, das wohl als «Kunst am Bau» einst beschafft wurde und das zu deuten ich nie die richtigen «Weihen» erlangte.

Nun, wir schufen ein eigenes Tischarrangement, und die Kollegen, die für die Dekoration zuständig waren, gingen ans Werk. Tannengrün, ein liebevoll geschmückter Tannenbaum, Gedecke, Kerzen und kleine Tischfahnen, die ich aus Erinnerung an die Seefahrt jedem Landsmann zugeordnet hatte, schufen schon mal ein schönes Bild. Nebenbei bauten die Experten, die wie immer auch diesmal für die Musik zuständig waren, die Musikanlage auf und legten das Band mit der «Petersburger Schlittenfahrt» auf, das nach alter Tradition den Auftakt zu unserer Weihnachtsfeier bildete.

Doch was wären die Weihnachtsfeiern ohne Kaffee, Kuchen und Wein? Nach und nach wurde das Feingebäck hereingetragen und das von so schöner Vielfalt. Die Ehefrauen unserer

Kollegen, aber auch unsere Sekretärin hatten sich viel Mühe gegeben, nicht zu vergessen auch einige Experten mit einem bisher unbekannten Backtalent aus unseren Reihen. Rezepte wurden ausgetauscht und Tips diskutiert, wie es in einem Damenkränzchen nicht anders hätte sein können.

Ich erinnere mich an «Powidldatschkerl», eine tschechische Spezialität aus Hefeteig und Pflaumenmusfüllung, an riesige schlesische Mohnstriezel, innen gefüllt mit einer äußerst schmackhaften Masse aus feuchtem, süßen Mohn und Rosinen, wobei es darauf ankam, daß der Mohn gequetscht und aus neuer Ernte war. Leicht wird ja die Mohnmasse zu trocken, dann krümelt der Striezel, was aber nicht sein darf.

Meine Frau war in aller Frühe aufgestanden und hatte ihre unnachahmlichen Käsetorten gebacken, wie sie es aus ihrer ostpreußischen Heimat kannte, und zwar eine mit Kirschen als zusätzliche Füllung und eine mit Rosinen. Schon vorher hatte sie das weihnachtliche Quantum von Thüringer Christstollen gebacken, und zwar nach alter Familientradition und einem uralten von Generation zu Generation vererbten Rezept meiner Mutter, die aus Zeulenroda / Th. stammt. Auch von diesen Dreipfündern wurde einer «geopfert». Und da ich ja nicht im voraus wußte, wer noch alles Kuchen mitbrachte, kamen auch noch Piroggen als Beitrag meiner baltischen Heimat hinzu. Dieses kleine gefüllte Hefegebäck, das mit dem verschiedensten Füllsel, wie Hackfleisch, Sauerkraut, Reis o. ä., gereicht und als Vorspeise angeboten wird, wurde bei uns zu Hause traditionell immer mit Schinkenspeck und Rosinen gefüllt. Erst waren die Norddeutschen skeptisch, dann langten sie herzhaft zu ... und sprechen heute noch davon. Dazu gehört ein eisgekühlter «Allasch», ein Kümmelschnaps, oder auch ein echter «Moskowskaja»-Wodka. Unser Ostpreuße leistete seinen Beitrag mit einer Flasche Bärenfang, den er selbst gebraut hatte und der bei zu hastigem Genuß schnell in die Beine geht, und «Pillkallener». Das ist ein klarer, eiskalter Schnaps, bei dem auf den Glasrand eine einseitig eingeschnittene Scheibe fette, feine Leberwurst aufgesteckt wird, die zum Klaren dazugehört. Unser Niedersachse steuerte eine weitere Delikatesse bei: eine Apfeltorte mit «trockenem Fuß», die verkehrt herum in der Springform gebacken wurde. Unten begann man also mit Zucker, aufgelegt wurde der Belag mit den Äpfeln und zum Schluß der schon vorher gebackene Boden. Die Äpfel weichten so den Boden nicht durch.

Der Abend wurde zu einem Austausch von geistigen Dingen, geistigen Getränken, Erinnerungen, alten und neuen Erkenntnissen, Brüderschaften und dem Erzählen alter und neuer Geschichten, bis zum «Kamerad, weißt du noch?», und gestaltete sich, wie wir es erhofften.

Wir erfuhren auch, daß andere Gegenden eigentlich nur wenig vorweihnachtliches Backen kannten. Die Berliner z. B. begnügen sich mit Krapfen, den bekannten, in siedendem Öl gebackenen kleinen Kuchen, die als schleifen- oder walnußähnliche Gebilde in Berlin *ohne* und in Thüringen *mit* Puderzucker bestreut gereicht werden. Noch verschlossener geben sich die Hamburger, die ohnehin im Feiern eher ein englisches Gemüt haben. Doch muß ich den Engländern zugestehen, daß sie wenigstens noch ihren traditionellen «Christmas-Cake» haben, diesen schweren, safrangelben, festen Königskuchen mit den vielen bunten und gefärbten kandierten Früchten.

Die Hamburger dagegen ergötzen sich an besonderen Feiertagen mit ihren «Braunen Kuchen». Ich lebe nun schon seit mehr als dreißig Jahren in Hamburg. Was nun eigentlich den Reiz dieser Kuchen ausmacht, kann ich beim besten Willen nicht nachvollziehen. Also, die Grundlage hamburgischer Glückseligkeit ist ein schlichtes «Rundstück»: Das ist ein krosses, trockenes Brötchen, oben halbkugelförmig und nicht eingeschnitten. Beißt man in dieses trockene Brötchen hinein, dann muß die Kruste schuppenförmig abplatzen. Nun, von diesem Rundstück wird nur die obere Hälfte verwendet, «denn unten ist es ja nicht kroß», wie der richtige Hamburger trocken bemerkt! Diese obere Hälfte wird mit guter Butter beschmiert, wobei die Betonung auf «guter» liegt, und mit *einem* «Braunen Kuchen» belegt. Das war also der Hamburger Beitrag zum Fest, gelungen und gewöhnungsbedürftig.

Der «Braune Kuchen», der dünn ausgewalzt gebacken wird und etwa Keksgröße hat, hat in Hamburg mehr als 180 Jahre Tradition. Er sieht aus wie gewöhnlicher Pfefferkuchen, schmeckt aber anders, ist süß, vielleicht ein wenig malzig mit einem Deut zum Baiser. Sirup, Pottasche und Hirschhornsalz, wie beim Pfefferkuchen, schmeckt man nicht heraus. Verpackt wird die Köstlichkeit in eine Geschenkdose von Ziegelsteingröße und in alle Welt versandt. Bekannte, denen ich diese Hamburger Spezialität mitbrachte, konnten damit nichts anfangen. Mit einem Bildband von Hamburg hätte ich mehr Erfolg gehabt ...

Unser Italiener überraschte mit dem «Panettone», dem gugelhupfähnlichen hohen Kranzkuchen, der in der Konsistenz recht trocken ist, den es aber auch mit Rosinen oder kandierten Früchten gibt und der durch die hierzulande unbekannten Backzutaten köstlich duftet. Gespendet hatte Adone B. auch reichlich recht schönen kalifornischen Weißwein, der in karaffenähnlichen Weithalsflaschen gereicht wurde und regen Zuspruch fand. Natürlich gehörte das Weingut einem ausgewanderten US-Bürger italienischer Abstammung, was nicht unerwähnt bleiben durfte. Alle anderen wären ja auch nicht in der Lage gewesen, solche Weine herzustellen ...

An eine Kuchengabe unserer Ostfriesen kann ich mich nicht erinnern. Unser ostfriesischer Chef wußte aber zu berichten, daß in seiner Jugend in den zwanziger Jahren noch eigens für die Pferde in der Vorweihnachtszeit sog. «Pferdebrote» gebakken wurden.

Mit der schönen Tischdekoration, den festlich eingestimmten Kollegen, der Beleuchtung durch viele Kerzen und der dezenten Musik kam eine gute Stimmung auf. Irgendwie mußte auch unser Chef davon ergriffen worden sein.

Er hatte noch ein paar «Reserven» zur Hand, die individuell den Ausrichtern zugedacht waren. Heimlich hatte er den Behang des Tannenbaums mit einigen interessanten Radiobauteilen vergangener Zeiten ergänzt. Darauf können auch nur Techniker kommen ... Da hingen sie also, die Radioröhren aus früheren Tagen, wie die RV 12 P 2000, die P 4000 und wie sie alle hießen, die ich als Ersatzteile für meine Geräte brauchte. Ich empfand diese Variante als eine schöne Idee, eine gelungene Überraschung und als Anerkennung meines Beitrags an der Feier.

Auch die Kollegen dachten an mich und zauberten plötzlich noch eine kleine Morsetaste hervor. Es war die Taste «Maus», die noch in meiner Sammlung fehlte und die ich schon lange suchte. Meine Begehrlichkeit war da, das gebe ich zu, aber auch der Wille der Kollegen, mich noch ein wenig zappeln zu lassen, um letztlich die Taste zu unser aller Wohl amerikanisch zu versteigern. Das hitzige Bietergefecht war dann ein Höhepunkt des Abends, und bei 25 Mark hatten die Kollegen ein Einsehen mit mir ...

Bleibt noch zu erwähnen, daß der Abend gelungen sein mußte, denn der untrügliche Indikator für ein gelungenes Fest war immer unser Kollege Heinz St., der nun auch schon Jahre nicht mehr unter uns weilt. Hub er dann zu später nächtlicher Stunde auf Drängeln und Bitten aller Kollegen seinen Sologesang zum «Hamburger Veermaster» an, dann war das ein Zeichen, daß es ihm als Hamburger wohl erging. Er hatte in seiner Art zum Abschluß «noch einen draufgesetzt», was dann in Hamburg anerkennend registriert wird, indem man einander zunickt und sagt: «Er nu wieder.»

Heute sind solche Feste längst Geschichte. Die jungen Kollegen, die nach uns kamen, fanden diese Veranstaltungen spießig. Sie unternahmen zunächst gar nichts, weil ja einer etwas «anschieben» muß, dieser eine sich aber nicht fand. Andere Zeiten, andere Sitten. Schließlich fand einer heraus, daß man eine solche Feier auch «kaufen» kann. Seit fast zwanzig Jahren findet unsere jährliche Weihnachtsfeier in Tostedt an der Bahnstrecke von Hamburg nach Bremen statt. Bei Grünkohl, Schweinebacke, Kochwurst und Kasseler wird immer am gleichen Ort gefeiert, geredet, gekegelt und getrunken, bis es dann abends heißt, den letzten Zug nach Hamburg nicht zu verpassen. Dann der «Nachttrunk» in der Nähe des Hauptbahnhofs und die letzte U-Bahn nach Hause. Das war's, und dann bis zum nächstenmal ... Aber früher war es auch ganz schön, und dafür gibt es dann ja noch die Weihnachtsfeier des Sozialwerks für die Rentner und das «Kollege, weißt du noch?».

*Gottfried Hoyer*

## Irrwege eines Engels

In den Jahren ab 1956 bestand zwischen den Mitarbeitern und Mitarbeiterinnen der evangelischen Kirchenbehörde in Dresden und denen der gleichen Behörde in Hannover eine Partnerschaft, die unter anderem auch dadurch zum Ausdruck kam, daß wir in Dresden vor Weihnachten Pakete mit für uns wertvollem Inhalt als Geschenk erhielten. Die Freude hierüber war bei allen sehr groß. Die Vertretung der Mitarbeiterschaft, zu der ich damals gehörte, überlegte, auf welche Weise man, neben dem persönlichen Dank an die Spender, die Kolleginnen und Kollegen mit einem für alle geltenden Geschenk erfreuen könnte.

Wir Dresdener, die nahe beim Erzgebirge wohnten, wußten um die Symbolik und Bedeutung der beiden Lichterfiguren Bergmann und Engel. Der Bergmann sehnte sich im Dunkel der Stollen nach Licht und Wärme, und der Engel sollte deutlich machen, was den Hirten in Bethlehem verkündet wurde: Fürchtet euch nicht, auch wenn es um euch und in der Welt dunkel ist und ihr Bergleute in Gefahr lebt.

So regten wir eine Geldsammlung an, um bei einem bekannten Holzschnitzer ein solches Paar Bergmann und Engel in Auftrag zu geben. Es war ein Figurenpaar, das nicht – wie meist üblich – gedrechselt, sondern geschnitzt werden sollte. Die Figuren waren etwa 40 cm groß. So wurden dann die beiden Lichterfiguren vor der nächsten Adventszeit in den fünfziger Jahren nach Hannover auf den Weg gebracht. Wir hatten die Vorstellung, daß diese Figuren dort in der Kirchenbehörde während der Advents- und Weihnachtszeit einen würdigen Platz finden und an unsere Partnerschaft erinnern sollten. Als ich dann 1960 in dieser Kirchenbehörde eine Anstellung fand, bekam ich Andeutungen mit, daß die Kollegen und Kolleginnen mit dem gutgemeinten Geschenk nichts anzufangen wußten. Ich war enttäuscht darüber, daß Engel und Bergmann in einem der Kellerräume im Dunkeln vergeblich ausharrten, ihr Licht in der Weihnachtszeit leuchten zu lassen. Ich unterdrückte meinen Ärger und habe erst viel später begriffen, warum damals in Hannover kein Verständnis für dies sächsische Geschenk vorhanden war.

Der Beginn meiner Tätigkeit in diesem Amt nach unserer Übersiedlung in die Bundesrepublik war für mich nicht leicht. Es war alles so anders, als ich es gewohnt war. Ich kam mir oft hilflos vor und war manchmal verzagt. Meine Frau und die vier Kinder lebten übergangsweise in Salzgitter-Lebenstedt. Ich hatte ein möbliertes Zimmer in Hannover gemietet und fuhr jedes Wochenende mit der Eisenbahn nach Salzgitter. So auch vor dem 1. Advent. Den Koffer hatte ich mit in das Amt genommen, um schnell zum Hauptbahnhof zu gelangen. Ich merkte zwar auf dem Weg dorthin, daß der Koffer ungewöhnlich schwer war. Doch achtete ich in der Eile nicht weiter darauf. In Derneburg mußte ich in den Zug Richtung Braunschweig umsteigen, hatte aber über eine Stunde Aufenthalt. So setzte ich mich in die Bahnhofsgaststätte und trank eine Tasse Kaffee. Als ich dann zu dem einfahrenden Zug gehen wollte, war mein neuer Hut weg. Dafür hing ein alter schäbiger Hut auf dem Haken. Voller Ärger nahm ich diesen Hut und den Koffer, dessen Gewicht ich mir wiederum nicht erklären konnte.

In Salzgitter-Lebenstedt war dann zu Hause die Überraschung groß, als ich den Koffer auspackte. Da lag doch tatsächlich der geschnitzte sächsische Lichterengel drin. So hatte ich einen alten Hut und einen altbekannten Engel mit nach Hause gebracht. Mir war klar, daß sich die Kollegen einen Scherz erlaubt hatten. So nahm ich den Engel am Montag wieder mit nach Hannover. Das Hallo war groß, und wir haben tüchtig gelacht.

Am nächsten Freitag war ich dann vorgewarnt und schaute vor dem Gang zum Bahnhof in den Koffer. Siehe da, es lag der Bergmann drin.

Wie erstaunt war ich aber, als ich bei meiner Familie in Salzgitter ankam und meine Frau sagte: «Da ist ein großes Paket für dich angekommen.» Als ich den Absender las, ahnte ich schon, was da drin war. Da lag doch tatsächlich wieder der sächsische Lichterengel drin, dazu aber ein kleines Gedicht:

Einem Menschen, der etwas verzagt,
haben wir ganz ungefragt
einen Engel zugedacht,
damit er ihm Freude macht.
Er etwas weniger Platz einnimmt,
wenn er für den Koffer ist bestimmt.
Er ist nicht golden und blau bemalt,
aber es ist nicht alles Gold, was strahlt.

Da ging es mir warm durchs Herz, denn nun wußte ich, durch diesen Engel sagen dir die Kollegen und Kolleginnen: Du gehörst zu uns, wir mögen dich und «Fürchte dich nicht»!

So hatte der Engel doch noch das erreicht, wozu er damals auf die Reise geschickt worden war: Freude und Trost zu spenden.

Noch etwas habe ich aus diesem Geschehen gelernt: Wir haben nicht nur heute Schwierigkeiten im Zusammenleben mit Menschen anderer Kulturkreise, weil uns oft die Kenntnis und das Verständnis für deren Sitten und Gebräuche fehlen. Schon zwischen den Volksgruppen unseres deutschen Landes gab und gibt es Mißverständnisse aus Unkenntnis der verschiedenen Mentalitäten. Damals, als die Grenze uns noch trennte und nur wenige die Gelegenheit hatten, die DDR zu besuchen, fehlte den meisten Niedersachsen die innere Beziehung zu den Lichterfiguren Bergmann und Engel, die wir Sachsen vorausgesetzt hatten.

Heute ist dies kein Problem mehr, da nach der Wiedervereinigung das Fernsehen in vielen Weihnachtssendungen auf die Bedeutung dieser Lichterfiguren hingewiesen hat und viele Menschen durch Busreisen ins Erzgebirge die Holzfiguren liebgewonnen haben. Heute findet man die Erzgebirgsfiguren auf fast allen Weihnachtsmärkten der alten Bundesländer.

Mögen Bergmann und Engel uns auch heute noch deutlich machen, was Martin Luther in einem Weihnachtsliedvers zum Ausdruck brachte:

> Das ewig Licht geht da herein,
> gibt der Welt einen neuen Schein,
> es leuchtet wohl mitten in der Nacht
> und uns des Lichtes Kinder macht.
> Kyrieleis!

*Holdger Platta*

# Weihnachten hat es immer geschneit

In meinem Kopf brannten schon seit dem frühen Morgen die Kerzen am Baum. Abends, das wußte ich, denn ich war ja schon fünf, würde sich Mutter wieder in ein Messingglöckchen verwandeln, und Vater würde daneben stehen mit einem Gesicht, so ratlos wie eine Schafherde auf Weihnachtspapier.

Störend war eigentlich immer nur mein Bruder dabei, der schief aus seinen Augen grinste, wenn er mich ansah, und auch Weihnachten immer sechs Jahre älter war als ich.

Den ganzen Tag über war unsere Wohnung erfüllt von Backofenduft, von Gerüchen, warm wie ein Bärenfell aus dem tiefsten russischen Winter. Nicht mal das Tuscheln war heute zu hören aus der Wohnung gleich nebenan.

Endlich wurde es dunkel. Ab und zu hörte man noch das Fauchen der Güterzüge vom Bahndamm, und wie ein Großvatergesicht sah die Nacht zur Küche herein. Die ganze Stadt lag versunken im Schnee, und ihr Leuchten war wie Apfelsinengeruch mit zwei, drei brennenden Hochöfen darin, weit weg hinter der Ruhr. Nun bekamen Vater und Mutter ihre Kirchengesichter. Fromm zogen wir unsere Strickjacken an, unsere Schuhe und Mäntel, fromm, mit den Wollhandschuhen über den Fäusten, kratzbürstig wie bissiges Katzenvolk, verließen wir über den düsteren Korridor unsere Wohnung.

Der Pfarrer, schwarz wie ein Gesangbuch, hielt eine hallende Predigt über Gott und die Liebe und das Fremdsein in dieser Welt. Die Menschen mit ihren Truthahngesichtern sangen rosige Lieder dazu wie «Stille Nacht, heilige Nacht». Der beerdigungsschwarze Klingelbeutel wurde von Bank zu Bank schwärzer, und ich dachte schon lange an die elektrische Eisenbahn draußen bei uns daheim zwischen den Wiesen.

Beim Verlassen der Kirche noch essigsaure Grüße dahin und dorthin, dann knurrte der Schnee wieder unter den Schuhen, und wir schleppten eintausend Schneeflocken nach Hause, vorbei an der Hütte, wo sie den alten Sawicki zusammengeschlagen hatten vor einiger Zeit, weil er so gebrochen sprach.

Der Pastor war jetzt längst schon zu einem Glanzbild geworden, nur das liebe Jesuskind würde mit an meinem Trafo stehen und freundlich zuschauen, wie ich neue Viehwaggons über die Schienen trieb. Mutter würde auf dem Eichenstuhl thronen, vor dem Klavier, und mit Bücklingsglanz in der Stimme würden wir die Weihnachtslieder singen: «Tochter Zion, freue dich ...!»

Mein Bruder, auch an diesem Tag acht Schuhnummern größer als ich, würde vor seinem vernünftigen Stabilbaukasten stehen, Vater seine neuen Socken betrachten und Mutter wie ein gekochter Schinken aussehen. Dann würde sie rübergehen in die Küche, um nach den Würstchen zu schauen, in dieses Zimmer mit der bösartigen Wand. Ich aber würde den Bahnhofsvorsteher wegtragen, von der Verladerampe vor das Rathaus mit diesem Dach aus Sperrholz und Lokuspapier. Und dann würden wir alle am Wohnzimmertisch sitzen, als ob er ein zweiter Weihnachtsbaum wäre, und würden, das feierliche Sonntagsbesteck in der Hand, Bockwürste essen mit selbstgemachtem Kartoffelsalat und Düsseldorfer Löwensenf, extra scharf, wie ein Kettenhund.

Hinter der Küchenwand aber würde nun wieder dies Wispern zu hören sein, dies gelbe Getuschel, und manchmal würde man durch die Tapete im Kerzenglanz sogar ein Wort verstehen oder auch zwei: «Polackenbrut! Ausländerpack!»

Aus der Hütte fiel immer noch Krippenlicht auf den Schnee, durch Fensterkreuz und Haselnußstrauch, und ich sah in Gedanken den alten Sawicki vor mir in seinem Verschlag ohne die Nachbarn.

*Monika Niesert*

# Schnee über Nacht

Klare Luft, Sonnenschein und Neuschnee locken mich am frühen Morgen nach draußen.

Eine friedliche Landschaft unter geschlossener Schneedecke empfängt mich mit unberührten Straßen und Wegen. Außer mir ist kein Mensch unterwegs, kein Auto stört. Die Vögel sitzen noch eng aneinandergeschmiegt in filzigen Büschen. Eine späte Rose im Vorgarten, von Kälte überrascht, erstarrt. Der Frost ließ das Zinnoberrot zu einem tiefen Rubinrot reifen. Rostiger Maschendraht, dick mit Rauhreif überzogen, ein Kunstwerk.

Ein Waldstück nahe der Stadt ist mein Ziel. Im Rhythmus der Glocken, die den ersten Weihnachtstag einläuten, stapfe ich durch den Neuschnee, zerstöre voller Wonne diese Makellosigkeit, hinterlasse *meine* Spur. Versenke meinen übermütigen Körper in der nächsten Schneedüne, wälze mich, schiebe mit Unterarmen und Händen Schnee zusammen, der so leicht ist wie Daunen, und schleudere ihn in die Luft, daß es kräftig staubt.

Noch ein paar Schritte, und ich betrete das Waldstück, das sich über Nacht in ein Märchenland verwandelte. Mit Schnee beladene Zweige biegen sich unter ihrer Last, erdulden sie zu meiner Freude. Sonne läßt die kalte Haut der Erde glitzern wie unzählige Diamanten. Im Wald zaubern Licht und Schatten magische Bilder und Figuren. Andächtig bleibe ich stehen. Eine Meise landet in der Fichte über mir. Mit ihren Schwingen fegt sie das weiße Pulver vom Zweig. Winzige Eispartikel rieseln mir ins Gesicht, bohren sich wie spitze Nadeln in die Haut. Ich verharre in der Stille, schaue, horche, staune und *danke*.

Langsam durchdringt eine wunderbare Melodie meinen

Kopf, wird immer stärker, füllt ihn schließlich ganz aus. Alles um mich beginnt zu leben. Fichten strecken ihre Zweige nach mir aus, umfangen mich, wiegen sich mit mir im Takt dieser Musik, heben mich empor und zeigen mir über ihren Wipfeln die Herrlichkeit der Schöpfung. Weihnachten ist in mir eingekehrt.

*Isolde Ahr*

## Die heilige Zeit

Advent, du heil'ge, stille Zeit.
Kanonen dröhnen, gar nicht weit.
Wie prall gefüllt der Vorratsschrank,
dort leiden Kinder – hungerkrank.

Gibst auch dem Zirkusmann mit Pferd,
gutes Gewissen ist was wert.
Spendest für Kinder in der Not.
Versöhnungsgeste für den Tod.

Nur im Dezember, weil's gefällt,
trifft dich das Leid der ganzen Welt.
Weihnacht macht sanft, auf Not versessen.
Doch leider ist im Januar das alles längst vergessen.

*Silke Schreiber*

# Eine andere Weihnacht – eine Satire

Mein Computer hat seit Jahren alles im Griff, auch Weihnachten. Als ich heute morgen sanft durch die Melodie *Leise rieselt der Schnee* geweckt wurde, und er rieselte wirklich, habe ich meinen Blutdruck gemessen und ihn über die Bedside-Tastatur in den Computer eingegeben. Auf dem Bildschirm auf meiner Schlafzimmerwand gegenüber dem Bett erschien daraufhin in Dunkelgrün, der Farbe des Tages, die Devise des Tages: *Alles ruhig angehen*, dazu die momentane Raumtemperatur 21 °C und die Außentemperatur –2 °C.

Es folgte der Gestaltungsvorschlag für die nächsten zwei Stunden: 10 Minuten recken, strecken, jeden beweglichen Körperteil heben, senken, drehen. 9 Uhr Brötchenlieferung, Kaffee fertig, im Bett frühstücken. 9.30 Uhr Nachrichten auf dem Bildschirm lesen, wobei anläßlich des Tages nur eine Auswahl erbaulicher Themen gebracht wird. 10.00 Uhr aufstehen, Bad mit Badezusatz der Serie *Natale* nehmen. 10.30 Uhr Haarpackung *Superglanz* eine halbe Stunde zusammen mit der Körperpflegecreme einwirken lassen. Alle Düfte sind harmonisch aufeinander abgestimmt, und so sitze ich nun, das große Handtuch wie ein Hollywoodstar als Turban um den Kopf gewickelt, die Superglanzpackung im Haar, nach Zimt und Nelken duftend, in meinem Lieblingssessel und überfliege die Planung des Computers für die nächsten Stunden:

Zwei Stunden Erlebnisspaziergang durch die weihnachtlich geschmückte und verschneite Stadt. Treffen auf einen Cappuccino im Café *Oldies* mit Soffi, Tausch der Weihnachtsgeschenke. Das Geschenk für Soffi ist das Päckchen mit der Nummer 12 aus der Mail-Orderliste *Amici*. Soffi hat endlich die Schreibweise ihres Namens von Sophie in Soffi geändert.

Monatelang hatte sie nicht auf ihren Computer gehört, der sie darauf aufmerksam machte, daß Sophie mit ph altmodisch, nostalgisch sei und nicht zu ihrem Image passe.

Nach der Rückkehr aus der Stadt die bestellten und inzwischen gelieferten Lebensmittel einräumen. Hoffentlich hat der Computer dieses Jahr kapiert, daß ich keine Baumkuchenspitzen mag. 1999 sind sie mir zum erstenmal als mein Lieblingsweihnachtsgebäck geliefert worden, und ich finde nicht heraus, wie ich diese jährliche Lieferung der berühmten Cottbusser Bäckerei stoppen kann. Pünktlich zur Teezeit kommen am Weihnachtsnachmittag 300 Gramm. Da auch alle Nachbarn Baumkuchenspitzen bekommen und ebensowenig mögen, liegen meine monatelang herum, bis ich sie verzweifelt aufesse, mit dem Ergebnis, daß der Computer in meiner Körpergewichtsberechnung durcheinanderkommt.

Wenn ich aus der Stadt zurückkomme, werde ich die per E-Mail eingegangene Weihnachtspost lesen und die besonders schönen Briefe ausdrucken oder an die freien Wände im Flur werfen lassen. Der schönste Brief kommt dann als Wiedervorlage und Anregung fürs nächste Jahr in die Datei *Weihnachtspost*. Alles, was ich mir merken möchte, unterstreiche ich immer, damit der Computer es unter der entsprechenden Person ablegt. Ich muß schon sagen, diese wunderbaren Softwareprogramme haben mein Korrespondenzniveau erheblich gehoben und meinen Kopf für andere Dinge frei gemacht.

Es wird Zeit, in die Stadt zu gehen. Ich weiß gar nicht so recht, welche von meinen Schuhen für einen Spaziergang im Schnee geeignet sind. Ob der Computer es sagen kann? Er kann.

Wie unkontrolliert Spazierengehen abläuft. Ich muß mein Tempo selbst bestimmen. Keine Musik, die mich mitzieht, und keine Spiegel, in denen ich überprüfen kann, ob ich mich perfekt bewege. Im Fitneßcenter erscheint immer an der Wand, ob ich meine gewünschte Belastungsstufe erreiche, ob ich noch etwas zulegen oder meine Bewegungen etwas bremsen muß. Die Kontrolle über die Armmanschette ist doch sehr beruhigend. Wer will schon etwas riskieren?

Das Treffen mit Soffi ist wie immer sehr nett. Sie genießt auch das neue Stadtbild, aus dem die aggressiven Schaufenster verschwunden sind. Nur noch ein Kaufhaus für Alternative, für Leute, die immer noch selber vor dem Kauf die Ware sehen und befühlen müssen, versucht, über Schaufenster zu verkaufen. Welch unappetitliche Vorstellung, etwa zu erwerben, das vorher schon andere angefaßt haben!

Ich ziehe es vor, daß heute die Innenstadt wie in alten Zeiten aussieht. Hausfronten, die von oben bis unten durchgestylt sind. Es hat ja lange genug gedauert, bis auch die letzten Werbeschriftzüge aus dem Stadtbild verschwunden waren. Aber jetzt vermitteln die Straßenzüge ein Gefühl von Ordnung und Ruhe und gutem Geschmack.

Der Computer blinkt ganz aufgeregt, als ich nach Hause komme. Die halbe Stunde Tausch der Weihnachtsgeschenke mit den Nachbarn hat schon angefangen. 7 1/2 Minuten sind pro Haushalt vorgesehen, allerdings auf meinen Wunsch 10 Minuten für die besonders liebe Frau Wimmerlein, die so ganz ohne Medien lebt und sich sicher langweilt. Ich verstehe gar nicht, warum sie in diesem computergerechten Haus wohnt.

Ich habe mir in diesem Jahr mit den Weihnachtsgeschenken große Mühe gegeben. Stundenlang habe ich unter den entlegensten Internet-Adressen nach originellen Geschenkanbietern gesucht. Bis Japan bin ich vorgedrungen, und dort habe ich jemanden gefunden, der garantiert, daß er jedes Geschenk nur einmal in eine Stadt liefert.

Das war ja auch im letzten Jahr zu peinlich mit den Geschenken für Elfie gewesen. Ein cleverer Unternehmer bot über Internet an, bei der Geschenkauswahl zu helfen, wenn man die Räume des zu Beschenkenden beschreibt. So bekam dann Elfie fünfmal die gleiche kleine Skulptur für eine leere

Ecke auf ihrem Bücherbord. Peter, Uwe, Marlen, Sami und ich waren damals bei der gleichen Internet-Adresse gelandet. Nur bei der Lieblingsfarbe von Elfie hatten wir unterschiedliche Angaben gemacht. So waren zwei Figuren rot, eine gelb, eine grün und eine blau. Schlamperei, denn in ihrer Homepage steht ja Gelb als ihre Lieblingsfarbe.

Seit ich in diesem mediengerechten Haus wohne, ist mein Leben wirklich geordnet. In den praktischen, von außen und innen zugänglichen Kühl-, Wärme- und Wäscheboxen liegen pünktlich die Dinge des täglichen Bedarfs. Keine überflüssigen Geldausgaben mehr, keine Frustkäufe, kein Überziehen des Kontos, keine Mahnungen. Kein Vitaminmangel, kein Übergewicht. Und seit eine seriöse Firma die Feinabstimmung der Aktivitäten übernommen hat, keine Doppellieferungen mehr. In all meinen Räumen sind die Wände Bildschirmwände. Wenn ich meinen Knopf im Revers trage, folgt mir das Bild in jedes Zimmer. Und wenn mich trotz aller Vorsorge einmal ein Unwohlsein überfällt, verbindet mich der Computer, seit ich die Medizinbox angeschafft habe, umgehend mit einem entsprechenden Spezialisten. Die monatlichen Check-ups beim Therapeuten haben mir jetzt auch ein optimales Lebensprogramm gebracht, so daß ich keine Langeweile und keine Stimmungsschwankungen mehr kenne. Bei kritischen Wetterlagen wird sofort ein Sonderprogramm eingeschaltet. Und jedes Jahr werden die Programmpunkte meinem Alter angepaßt. Ich finde, daß ich seitdem viel sympathischer bin und mir nichts mehr vorzuwerfen habe. Und sollte ich mich eines Tages einmal mehrere Stunden nicht geregt haben, so wird jemand vorbeikommen und nach mir sehen. Wie beruhigend! Der Computer meldet, daß er gleich die Nummer meiner Erbtante Olga wählen wird, weil sie jetzt Zeit hat, ihre Kartoffeln sind gerade aufgesetzt. Er zeigt mir noch ein aktuelles Foto der Tante auf dem Bildschirm, listet die wichtigsten Details aus den letzten Gesprächen auf, insbesondere die Diagnosen der Ärzte.

Rechts im Bildschirm erscheint in einem kleinen Fenster, welche Gespräche heute am Weihnachtsabend geführt werden, wer wann angerufen werden muß und wer anrufen wird, weil er im letzten Jahr angerufen wurde. Und als letztes die Zeituhr mit der für dieses Gespräch veranschlagten Länge, dazu noch die Frage, in welchem Zimmer das Gespräch geführt werden soll. In der Zwischenzeit spielt der Computer Weihnachtslieder, auf Wunsch dreimal hintereinander *Jingle Bells* und dann *Kling, Glöckchen, klingelingeling.* Eine wohlige Stimmung breitet sich aus. Kerzen brennen auf dem Bildschirm, der Herd brutzelt ganz selbständig die Weihnachtsgans ... Tante Olga kann kommen.

Plötzlich geht das Licht aus, der Herd schweigt, und der Bildschirm erlischt, die Lautsprecher verstummen, die Straßenlaternen sind dunkel, und kein Fenster in der Straße ist mehr erleuchtet ... eine andere Weihnacht ...

*Gisela Köpp*

## Weihnachten?

Lassen wir das alles weg, die weihnachtliche Einkaufsqual in unseren Industrieländern, die Stimmungsreklame, die Verpflichtung, nun auch an alle denken zu müssen, zu schreiben, die Reise- und Besuchspläne, sogar den Lichterbaum, die geputzte Wohnung, die ganze Tradition, den Zwang, etwas zu tun, weil es – angeblich – immer so war und, viel schlimmer, immer so bleiben müßte. Diese liebgewordenen und gefürchteten Gewohnheiten, welchen Sinn haben sie?

Damals wurde es Weihnachten in Guatemala. Es war eine Flucht hinaus aus der Welt der Gewohnheiten und endete in einer Suche nach den eigenen verlassenen Traditionen.

Schon der sommerliche Raum, das Hotelzimmer mit Gartenmöbeln, diese heiße Sonne, machten uns plötzlich ganz betroffen. Da kam keine Weihnachtsstimmung auf. Es gab keinen Schnee oder wenigstens die alte dämmerige Dunkelheit.

Weihnachten konnte nicht werden, schon weil soviel Licht da war. Aus der Dunkelheit ein Licht, ein Stern, ein Engel, Weihnachten sollte Licht in die Dunkelheit der Menschen bringen, doch die Natur hier kümmerte sich nicht darum, und an die Dunkelheit im Menschen wollten wir nicht denken. Krippe und Kreuz, das gab es. Jetzt umgab uns die aufreizende, grelle Sonne.

Warum störte uns das auf einmal?

Aber wir wollten nicht, daß es Weihnachten für uns würde. Davon sollte gar nicht die Rede sein. Aber jeder von uns dreien stellte plötzlich fest, daß das nicht ging. Keiner sprach es aus. Die Wortlosigkeit stand im Raum.

Der Abend kam, und der Kalender verpflichtete uns auf Weihnachten. Einer hatte eine Kerze im Gepäck und stellte sie auf den schmalen Marmortisch. Er zündete sie an, und sie flakkerte.

Waren wir auf einmal auf der Suche nach Weihnachten, wie es einmal war? Keinem von uns brachte die brennende Kerze ein Lächeln, keinen Glanz in die Augen, nur stummes Warten. Kleine Geschenke wurden um die Kerze gelegt.

Keine Freude.

Schließlich gingen wir hinaus. Das Bedürfnis, andere Menschen zu treffen, brachte uns in Bewegung. Die Straßen waren menschenleer.

*Markt und Straßen stehn verlassen*, die erste Zeile eines Gedichtes aus der Schulzeit ließ sich nicht verdrängen; *still erleuchtet jedes Haus*, hieß es da weiter. Die Straßen hier waren wirklich verlassen, aber kein Haus zeigte auch nur die Spur eines Lichtes.

Wir müssen zur Kathedrale, dachten wir und fanden sie auch. Da wird Weihnachten sein, dachte jeder von uns, sprach es aber nicht aus. Die Hoffnung war so elementar, daß wir schneller zu laufen begannen, um nichts zu verpassen.

Da lag dieser große weiße Bau mit der einfachen Fassade, aber wir nahmen die Architektur kaum wahr, wir wollten zu den Menschen. Niemand drängte sich an der geschlossenen Kirchentür. Wir öffneten sie und gingen hinein.

Es war fast Mitternacht. Ein weißlich blauer Schein befremdete uns. Die Messe hatte bereits begonnen.

Frauen saßen in den Bänken, alte und junge. Kinder liefen dazwischen herum oder standen stumm neben den Müttern, die sich manchmal gar nicht setzten.

Sie schlugen ein Kreuz. Sie schienen taub und stumm.

Männer schienen da zu sein, als hätten sie keine Familien. Wir blickten durch den blauen Dunst nach vorn zum Altar.

Kein Lichterbaum, kein Schmuck auf dem Altar, nur das weiße Tuch auf dem langen Altartisch nahm die Silberkelche an, die die Priester hin und her trugen. Die Beleuchtung fiel aus schwachen Glühbirnen in das hohe Gewölbe des Raumes. Der Dunst, der sich durch das bläuliche, dünne Licht zog, hüllte uns ein wie eine große Trauer.

Und das war es auch: Tiefe Trauer hatten wir mitgebracht. Wir verließen den hohen Raum, der so leer schien, obwohl er fast bis auf den letzten Platz gefüllt war. Man sah uns nicht einmal an, uns, die anderen.

Einer von uns zog beim Hinausgehen seine Jacke an. Es war kälter geworden.

Die Sonne am nächsten Morgen ließ uns dann für einen Augenblick vergessen, daß Weihnachten sein müsse. Zum Frühstück lagen frische Früchte auf dem Teller, farbenfroh, saftig und süß.

Wir lächelten nicht, nahmen aber das erste Mal die Wärme der Sonne wie den freundlichen Blick der Menschen, die uns bedienten, dankbar wahr. Der erste Weihnachtstag – und wir ausgesetzt, ausgesetzt jeder von uns auf seiner Insel der Trauer.

Sie war gestorben, genau dort, wo jedes Jahr die große grüne Tanne stand, wo jedes Jahr die Kerzen angezündet wurden, wo sich jedes Jahr soviel Licht und Wärme entwickelt hatte, aber das wurde uns erst ein Jahr später bewußt.

Da blieben wir dann dort, wo man eine grüne Tanne aufstellen konnte, und sorgten an jener Stelle für Licht und Wärme, um unserer selbst willen, um des Lichtes willen, um der Krippe und des Kreuzes willen, um der Liebe willen, die Weihnachten werden läßt.

*Gisela Köpp*

## Weihnachten

Krippe und Kreuz, sprecht es nur aus,
paßt es noch in den Weltenlauf?
Kreuz und Krippe, kein Luxus im Haus,
wir brauchen keinen Festtagsschmaus,

keinen Weihnachtsmann, Geschenke, Reisen,
wir sollten uns einmal anders beweisen.
In uns eine Sehnsucht, glaubt ihr doch,
werft von euch jetzt das alte Joch.

Kreuz und Krippe, dazu ein Stall,
der ist zu finden überall – überall.
Ein Kreuz, das tragen sie alle heute,
eine Krippe suchen sehr viele Leute.

Weihnachten – denken wir bei der Krippe,
doch der Tod steht bei uns mit der Hippe.
Beim Kreuz ist Tod – auch Auferstehn,
sollten wir nicht ein Licht dabei sehn?

Die Krippe als Wiege, Geburt in der Not,
ein Kreuz als Hoffnung bis nach dem Tod.
So denke nach und sprich es aus:
Wir brauchen für Kreuz und Krippe ein Haus.

Ein Dach für die Wiege mit neuem Leben,
Hoffnung und Liebe werden vergeben.
Liebe und Hoffnung, sprecht es nur aus,
dafür laßt uns bauen ein neues Haus.

Ein Haus, einen Platz, vielleicht nur Zeit
zulassen, und das Herz wird weit
für alles, was uns gegeben wird,
vom Engel bis zum unwirschen Wirt.

Hoffnung und Liebe läßt sich verbreiten,
Krippe und Kreuz, wer will da streiten,
gehören zusammen, nehmt es nur an,
dazu Liebe und Hoffnung, wagt es dann!

Wagt es zu sagen: Kreuz und Krippe,
wagt es zu flüstern mit zitternder Lippe,
verbreitet in Zuversicht neuen Beginn,
auch das Kreuz hat für uns alle einen Sinn.

Nur, wir wissen es nicht – wissen es nicht,
wir sehen nur das Jüngste Gericht.
Doch wo Kreuz und Krippe verstanden werden,
ist Hoffnung auf mehr Frieden auf Erden.

*Alfred W. Henkmann*

# Ein Goldstück mit dem Kaiser drauf

Das neue Jahrhundert stand kurz bevor.

Weihnachtszeit 1899.

Pauline war vierzehn und schon seit einem halben Jahr als Dienstmagd bei einem wohlhabenden Weinhändler in Stellung, in der für sie, da sie aus dem kleinen Städtchen Rathenow stammte, großen Stadt Brandenburg.

Pauline mußte schrubben, waschen und wischen, Holzscheite für die Öfen und den großen schwarzen Küchenherd aufstapeln, kleinere Einkäufe beim Krämer besorgen; die größeren machte die Dienstherrin, Frau Gülzow, selbst, und zur Begleitung und um die eingekauften Sachen heimzutragen, fungierte der Hausknecht Hans, der zwar ein wenig einfältig, dafür aber groß und kräftig war.

Diese Frau Gülzow war eine dünne, aufgeblasene Person, die sich gerne mit Madame anreden ließ, dazu hatte sie auch noch eine ziemlich unerzogene sechsjährige Tochter, der sie so ziemlich alles durchgehen ließ. Pauline, selbst noch fast ein Kind, hatte es reichlich schwer mit den beiden. Zu tun hatte sie mit dem Kind eigentlich nichts, dafür war ein Kindermädchen zuständig. Dieses Kindermädchen hieß Klara, war schon achtzehn und sah recht geringschätzig auf Pauline, mit der sie die Kammer unter dem Dach teilen mußte, herab. Auch hatte Karla schon ganz andere Interessen als die kleine Pauline; Tanzen gehen am Wochenende oder am freien Tag ganz einfach herumzuflanieren und nach jungen Burschen Ausschau zu halten. Es war ein hartes Leben für Pauline, von morgens fünfe bis spät in den Abend hinein war sie auf den Beinen, hörte selten ein gutes Wort, und das Essen, welches sie abgesondert zusammen mit dem Kindermädchen und dem Hausknecht in der

Gesindestube vorgesetzt bekam, war zwar meistens reichlich, dafür aber auch alles andere als gut.

Das wenige Geld, das Pauline bei freier Kost und Logis verdiente, mußte sie regelmäßig, bis auf ein paar Groschen, nach Hause, also nach Rathenow schicken, das war in ärmeren Kreisen damals so üblich.

Vergnügungen gab es nicht viel in der Provinzstadt Brandenburg, für Pauline schon gar nicht; das Stummfilmkino war vor ein paar Jahren aufgekommen, aber das kannte sie nur vom Hörensagen. Um irgendwohin zu gehen, in eine Konditorei oder so, fehlte ihr das Geld, außerdem war für so junge Mädchen sowieso fast alles verboten und keiner fand etwas dabei.

Ihr Patron, der Weinhändler, war ein ganz umgänglicher Mann, manchmal gab er der Pauline sogar ein Schlückchen Wein zu trinken und lachte dabei wohlwollend, hatte er aber selber vorher zuviel von seinem guten Wein getrunken, so konnte er auch recht anzüglich werden, allerdings nur mit Worten oder mal einem Klaps auf den Hintern Paulinens. –

Einige Zeit vor Weihnachten gab es in der Stadt, in der Nähe des Rathauses, einen richtigen großen Weihnachtsmarkt. So etwas sah Pauline zum ersten Mal, in Rathenow hatte es das nicht gegeben.

Als sie an einem späten Nachmittag, ein paar Wochen vor Weihnachten, von ihrer Dienstherrin frei bekam, ging sie, sie hatte sich ein paar Groschen und Sechser zusammengespart, erwartungsvoll dorthin.

Ach, wie das schön duftete und köstlich roch, nach Lebkuchen und Räucherkerzen; die Verkaufsbuden mit allerlei Tand waren hell erleuchtet, ein Drehorgelmann dudelte Weihnachtslieder und ein Karussell mit Kutschwagen und großen, buntbemalten hölzernen Pferden davor drehte sich zur Musik aus einem spieluhrähnlichen Apparat fortwährend im Kreise.

Der Weihnachtsmarkt war dichtgedrängt voll von Menschen, die kauften, guckten, Brezel aßen und Karussell fuhren.

So fuhr auch Pauline zum ersten Mal in ihrem Leben, auf einem weißen Pferd sitzend, Karussell.

Das kostete einen Sechser!

Und noch einen Sechser! Und noch einen!

Pauline war selig. So etwas Schönes hatte sie noch nie erlebt. Das war, dachte sie an Daheim, schöner als dort Weihnachten.

Pauline fuhr und fuhr.

Bis der allerletzte Sechser in der Kasse des Karussellbesitzers gelandet war! Dann stand sie frierend im feuchten Schnee unter all den fremden Menschen und wußte nicht mehr so recht, was sie noch tun sollte.

Heimgehen?

Es war sicher schon spät, ihre Freistunden gewiß sowieso gleich abgelaufen, kam sie zu spät nach Haus, so gab es zumindest Schimpfe von der Madame, wenn nicht gar Schlimmeres.

Wie spät?

Eine Uhr besaß Pauline natürlich nicht.

Wie spät, bitte?

Ein älterer Herr, gut gekleidet, mit Zylinder auf dem Kopf, in einen warmen teuren Pelz gehüllt und mit Spazierstock, zog einen schweren goldenen Chronometer aus seiner Rocktasche und sagte freundlich:

Halb sieben, liebes Kind.

Oh, Gott! Um sieben Uhr mußte Pauline spätestens zu Haus sein, wenn sie das nur noch schaffte!

Hast du Hunger? fragte der freundliche Herr.

Nun ja, sagte Pauline, ein bißchen schon.

Und du hast kein Geld mehr, um dir etwas Schönes zu kaufen?

Nein, werter Herr.

Da griff der gewiß reiche, jedenfalls sah er so aus, vornehme Herr in seine Manteltasche und holte ein Goldstück heraus.

Ein richtiges goldenes Zehnmarkstück mit dem Bild des Kaisers drauf!

So etwas hatte Pauline noch nie gesehen, geschweige denn besessen!

Ein Goldstück! Mit dem Bild des Kaisers Wilhelm drauf!

Es gehört dir, sagte der fremde, reiche Herr, kaufe dir dafür, was du willst, es soll dein Weihnachtsgeschenk sein.

Sprach's, drückte Pauline die Goldmünze in die Hand, lüftete freundlich lächelnd seinen schwarzen Zylinder und verschwand in der Menschenmenge. –

Pauline stand sprachlos.

Ein Goldstück!

Sie hielt ein richtiges goldenes Zehnmarkstück in der Hand!

Mit dem Kaiser drauf!

Unfaßbar!

Was Pauline mit dem Goldstück gemacht hat?

Ich weiß es nicht. –

Pauline hat, als sie bereits meine Großmutter Pauline war, mir zwar diese Geschichte erzählt, aber wo das goldene Zehnmarkstück geblieben ist, das hat sie mir einfach nicht verraten wollen.

Aber sie hat zu mir gesagt: Dieses Goldstück mit dem Kaiser drauf, das hat mir damals bestimmt der Weihnachtsmann geschenkt.

Ja, wer denn sonst?

Ich traue der Großmutter Pauline allerdings zu, daß sie das Goldstück mit dem Kaiser drauf noch viele Jahre lang in ihrem Sparstrumpf versteckt gehalten hat.

*Edgar Dembeck*

# Die Weihnachtssterne von Ausbach

Zwischen dem hessischen Bad Hersfeld und der thüringischen Kleinstadt Vacha liegt ein langgestreckter bewaldeter Höhenzug, den die Einheimischen das Landecker Amt nennen. Dort verläuft ein alter Höhenweg, der von Schenklengsfeld, an der verfallenen Burgruine «Landeck» vorbei, bis zu einem romantisch im Tal gelegenen Ort führt, der Ausbach heißt.

Auf diesem Weg und in der Umgebung des Landecker Amtes passierten von jeher zur Weihnachtszeit die merkwürdigsten Dinge. Insbesondere wurde von seltsamen Ereignissen aus der Gegend des «Alten Schlosses», wie die Ruine auf dem Landecker auch liebevoll genannt wird, berichtet. Das war meistens dann der Fall, wenn der Bergrücken von Neuschnee wie ein weißes Laken zugedeckt war.

So wurde angeblich von einem Jagdgast an einem frühen Wintermorgen der Weihnachtsmann mit blondem Vollbart beobachtet, wie dieser seine sechs Rentiere am alten Burgbrunnen unterhalb des Schlosses tränkte. Anschließend flog dieser mit einem riesigen Schlitten durch die Luft Richtung Ransbach. Als der Himmelsschlitten abhob und lautlos über die Baumwipfel glitt, schoß der verwirrte Jäger mit seiner Schrotflinte nach dem wegfliegenden Weihnachtsmann.

Zurück blieb nur einer, auf den Kiefernzweige und größere Schneeladungen prasselten. Als der Betroffene dies in der Dorfgaststätte erzählte, wurde er heftig ausgelacht.

Ein anderes Mal sah eine ganze Schulklasse am Heiligabend in Höhe der sogenannten «Kroatenlöcher» einen mächtigen weißen Hirsch stehen, auf dessen Rücken goldene Englein saßen, die alle lustig kicherten und zwischen dem Geweih herumturnten. Jeder Engel – sie waren etwa so groß wie normale Spielpuppen – hatte am linken Fußgelenk ein goldenes Glöcklein hängen. Diese gaben so liebliche Töne von sich, daß die Kinder wie erstarrt stehenblieben und dieses unwirkliche Treiben auf dem verschneiten Weg verfolgten. Erst als das Tier schon lange weg war, rannten sie eilig zu der besagten Stelle. Doch es war nichts mehr zu sehen. Nur ein kleines Ausbacher Mädchen fand im Schnee ein winzig kleines Glöcklein, das wohl ein Engel verloren haben mußte.

Der mitanwesende Lehrer verdonnerte seine gesamte Klasse zum Stillschweigen und meinte nur, daß dies wohl ein selten vorkommender Spuk gewesen sein mußte.

Und dann dieses unvergeßliche Erlebnis eines jungen Pfarrers, der nach seiner mitternächtlichen Christmesse noch einen Spaziergang durch die sternenklare Nacht in das Ausbacher Tal unternahm und auf der verschneiten Wiese neben der Viehkrippe mehrere ausländische Hirten in einfachen Gewändern und mit allerlei Viehzeug wie Esel, Schafe sowie Federvieh sah. Als er näher an die Krippe kam, vernahm er seltsame Stimmen und Klänge, die er vorher in seinem Leben noch nie gehört hatte. Ein Hirte, den er als schwarzen Jüngling erkannte, blies wunderbar auf einer Flöte, und die Luft um die Krippe herum roch eindeutig nach Weihrauch. Der Pfarrer erschrak so sehr, daß er niederkniete und betete. In dieser Nacht sollen noch lange die Glocken der Ausbacher Kirche geläutet haben.

Aber das Ereignis mit den blühenden Weihnachtssternen hatte sich in der Tat wirklich zugetragen und wurde im nachhinein von mehreren Zeugen glaubhaft bestätigt. Einst ging ein armes Mütterlein, welches schon lange allein in dem Ort Ausbach lebte, mit ihrer Kötze in den Wald, um etwas Holz für den Ofen zu holen. Da Weihnachten vor der Türe stand und sie kränklich war, machte sie sich zeitig auf den Weg. Sie wußte, daß im Hochwald hinter der Schutzhütte immer viele Zweige und Äste auf dem Boden lagen, die sie auflesen durfte. Langsam stampfte sie mit ihren zerlöcherten Filzlatschen am

Ausbach entlang aufwärts bis zum Hohlweg. Das Gehen fiel ihr sehr schwer, da der hohe Schnee tief gefroren war und sie auf dem glatten Boden keinen Halt fand. Am Hochsitz hinter der vergessenen Ecke mußte sie sich erst einmal ausruhen. Während ihre Blicke langsam über das schöne Ausbacher Tal bis zur Dorfkirche gingen, fing sie an zu träumen. «Ach, wenn ich doch nicht mehr in den Wald gehen müßte, um Feuerholz zu holen; das wäre mein allerschönstes Weihnachtsgeschenk. Mein ganzes Leben habe ich nur hart gearbeitet, wenig Freude und Hilfe gehabt und jetzt im Alter diese Mühe ...» Sie zögerte einen Moment, als sie ein merkwürdiges Geräusch vernahm.

Da es am späten Nachmittag des Heiligen Abends war, klang es wie ein Rauschen einer vorbeifliegenden Eule. Aber nirgends war ein solches Tier zu sehen. Das Mütterchen schaute nach hinten und sah plötzlich einem Zwerg in die Augen, der eine metallne Kassette in der Hand hielt. Er hatte einen samtroten Anzug an und trug auf dem Kopf eine lange Zipfelmütze. Sie erschrak sichtlich, worauf der unbekannte Zwerg rief: «Habe keine Angst! Mütterchen Grete. Ich bin der Weihnachtszwerg Mutius vom Landecker Amt und habe dich während deines Lebens überall begleitet. Heute aber hast du einen Wunsch geäußert, den ich dir erfüllen kann!» Grete traute ihren Augen und Ohren nicht. Vor Angst hielt sie sich an der unteren Sprossenleiter des Hochstandes fest.

«Ob das mit meinem Alter zusammenhängt, daß man beginnt, Weihnachtszwerge zu sehen, die auch noch sprechen können?» überlegte sie. Der Zwerg spürte ihre Gedanken und ihr Zögern. Er mußte das Mütterchen einfach überzeugen, das war alles! Mutius nahm blitzschnell der sprachlosen Frau die Kötze vom Rücken und stellte diese vor ihr auf. Dann griff er zu seiner Zipfelmütze auf dem Kopf, verneigte sich vor dem Mütterchen und schüttelte die Mütze über der Kötzenöffnung aus. Freundlich bat er das Mütterlein, einmal in das Behältnis zu sehen. Grete war überrascht! Nein! In der Kötze lag kein Brennholz, sondern sie war voll von rotblühenden Weihnachtssternen. Die Blüten waren so kräftig, daß es wie ein rotes Blumenmeer aussah. Als Mütterchen Grete den Kopf hochhob, waren auch zwischenzeitlich um sie herum unzählige Weihnachtssterne gewachsen. Grete war begeistert. Die Weihnachtssterne hoben sich kontrastreich vom weißen Schnee ab und wirkten beruhigend. Als dies der Zwerg Mutius bemerkte, lächelte er nur ein wenig. «Wundert es dich, daß die vielen leuchtenden Weihnachtssterne hier stehen?» fragte Mutius laut das Mütterchen. «Siehst du», fuhr er fort, «jeder Weihnachtsstern hat fünf große Blütenblätter. Sobald ein Blatt abfällt, wirst du an dieser Stelle einen goldenen Taler finden. Mit diesem kannst du dir das Brennholz für den Winter einkaufen, und ich denke, es wird auch noch etwas für Essen und Trinken übrigbleiben ...!» Grete konnte es nicht fassen. Warum sollte gerade sie dieses Glück haben? Ihr wurde doch im ganzen Leben nichts geschenkt. «Ich sehe schon, auch dieses Mal glaubst du mir nicht», erwiderte Mutius und rief den Wind, der so schnell zum Zwerg eilte, daß fast seine Mütze fortflog. «Zwerg Mutius, was kann ich für dich tun?» murmelte der junge Sturm mit tiefer Stimme. «Laufe einmal über die blühenden Weihnachtssterne, so daß einige ihre Blütenblätter verlieren, das reicht aus!» antwortete der Weihnachtszwerg. Grete hörte das Gespräch und war gespannt, was nun passieren würde. Danach rauschte der Wind mit seinen Sturmkindern so kräftig über Grete und die Weihnachtssterne hinweg, daß sie fest die Augen schließen mußte. Als nach kurzer Zeit die Stille wieder eingekehrt war, öffnete Grete die Augen und sah überall die roten Blüten der Weihnachtssterne liegen. «Sobald du sie alle eingesammelt hast, wirst du genug Taler haben», lächelte der Zwerg. «Haben sich die Blätter in Münzen verwandelt, werden an den Pflanzen unweigerlich neue Blüten heranwachsen. Es wird dir also im Leben niemals etwas fehlen, und die Weihnachtssterne werden dir immer blühen und blühen ...!» Mit diesen letzten Worten verschwand der Weihnachtszwerg Mutius im nächtlichen Himmel. Grete war es inzwischen sehr kalt geworden. Schnell sammelte sie die roten Blütenblätter ein und steckte diese sorgfältig in die Kötze und in die Rocktaschen. Einige kleine Weihnachtssterne grub sie mit den Händen aus dem Schnee und legte sie sorgfältig in ihr Kopftuch. «Na ja, so habe ich wenigstens ein paar seltene Blumen zu Weihnachten, die ich noch auf dem Markt verkaufen kann. Das Alter hat mir mit dem Weihnachtszwerg einen bösen Streich gespielt», dachte sie, während sie sich kräftig die Nase putzte. «... Und dieser Scherz mit den Goldtalern stimmt mich einsame Frau doch sehr, sehr traurig», murmelte Grete weiter. Als sie ein paar Schritte gegangen war und das Taschentuch zurücksteckte, spürte sie einen kleinen harten Gegenstand in ihrer Rocktasche. Grete nahm diesen heraus, um ihn weit wegzuwerfen. Da sah sie, daß es eine Goldmünze war. Alle ihre eingesammelten Blüten hatten sich in wertvolle Taler verwandelt. Vor Freude ging Grete noch einmal zurück und sah auf ein weites Feld blühender Weihnachtssterne. Alle Pflanzen hatten ihre vollständigen Blütenstände und winkten dem Mütterlein herzlich zu. Als sie in ihrem Häuschen die Kötze ausschüttete, fielen klirrend Tausende Taler auf den Fußboden. Dazwischen aber blühte eine einzige Pflanze mit fünf roten Blütenblättern. Es war diesmal ein immerblühender Weihnachtsstern. Glücklich stellte sie diesen neben eine brennende Kerze auf die Fensterbank, so daß jeder, der vorbeiging, das schöne Prachtexemplar von Weihnachtsstern bewundern konnte. Als die Kirchenglocken läuteten, eilte Grete zur Weihnachtsmesse, um ihrem Schöpfer für dieses einmalige Wunder an diesem Heiligabend zu danken. Im Dorf aber waren alle Menschen verwundert, daß die alte eigensinnige Grete auf einmal so viel Reichtümer besaß und von Tag zu Tag zufriedener aussah. Im übrigen sprach es sich im Dorf rasch herum, daß Mütterchen

Grete seit diesem Weihnachtsfest jeden Sonntag fünf Taler in den Opferstock der Ausbacher Kirche legte. So konnte noch vielen armen und kranken Menschen geholfen werden.

Seither blühen immer zu Weihnachten an diesem noch bis heute unbekannten Platz am Landecker viele, viele Weihnachtssterne, und nur die Ausbacher Grete kennt diesen besonderen Ort und das wirklich wahre Geheimnis der nie verblühenden Weihnachtssterne.

# Nachwort

«Dann sang meine Mutter mit ihrer schönen Altstimme ganz leise das Lied von der Heiligen Nacht, und niemals mehr in meinem späteren Leben habe ich wieder diesen Zauber gefühlt.» Dies ist ein Ausschnitt aus einer Erzählung von Ina Rau, «Pommersche Weihnacht», die im ersten Band der *«Weihnachtsgeschichten am Kamin»* veröffentlicht wurde.

Menschen erzählen die Geschichten ihres Lebens. Sie erzählen von Erschütterungen und Leid, von mutigen Aufbrüchen, von überwältigendem Glück. Jahr für Jahr erhalten wir die aufgeschriebenen Erinnerungen. Leider können wir immer nur einen kleinen Teil der Einsendungen veröffentlichen. Aber die Chance, im nächsten Band der *«Weihnachtsgeschichten am Kamin»* dabeizusein, bleibt erhalten.

Im Herbst des Jahres 2000 wird der Rowohlt Verlag ein Taschenbuch mit *Liebesgeschichten* herausgeben, das Sybille Wahnschaffe und Ursula Richter zusammenstellen. «Kennenlerngeschichten», stellen wir uns vor, könnten es z. B. sein. Als wir das Thema in einer größeren Runde diskutierten, erinnerten sich alle mit viel Vergnügen an ihre eigenen Erlebnisse. Wenn Sie, liebe Leserinnen und Leser, Ihre Erinnerungen preisgeben wollen, so schreiben Sie an *Ursula Richter, Postfach 605 564, in 22250 Hamburg.**

Ihnen allen wünsche ich ein fröhliches, friedfertiges Weihnachten 1999 und einen besonders guten Rutsch ins Jahr 2000.

Ihre Ursula Richter

* Wir freuen uns über eingesandte Manuskripte, können jedoch weder für sie haften noch in jedem Falle Korrespondenz führen. Eine Rücksendung erfolgt nur auf ausdrücklichen Wunsch und wenn ein ausreichend frankierter Rückumschlag beigefügt ist. Andernfalls sammeln wir die Manuskripte für eine evtl. spätere Veröffentlichung, die allerdings nicht garantiert werden kann.

# Inhalt

Die schönsten Weihnachts Geschichten am Kamin
Gesammelt von Ursula Richter
rororo